Rott

„Zauberberg-Wanderung"

D1723997

Verlag und Autorin danken folgenden Institutionen

für ihre freundliche Unterstützung:

Kulturkommission Gemeinde Davos

Kulturförderung, Kanton Graubünden

Graubündner Kantonalbank Davos

Raiffeisenbank Mittelprättigau - Davos

Foto Umschlag (Titelseite):

Blick auf die Schrägflächen der Schatzalp mit Hotel Schatzalp
und Restaurant Strela-Alp am Westhang von Davos. In der
nördlichen Talsohle: der Davoser See.
Aufnahme: Sommer 1985

Foto Umschlag (Rückseite):

Panoramablick von der Schatzalp auf Brämabüel, Jakobshorn,
Plattenhorn, Hoch-Ducan, Älplihorn, Leidbachhorn,
Rinerhorn (v.l.n.r) und Davos in der Talsohle.
Aufnahme: Herbst 2007

Marianne Rott

„Zauberberg-Wanderung"

Vom Waldhotel Davos zum
Thomas-Mann-Platz auf der Schatzalp

Literarische Stationen auf dem Thomas-Mann-Weg und
Ein Exkurs zum „Lieblingsplatz Hans Castorps"

Königshausen & Neumann

Bibliografische Information der Deutschen Bibliothek

Die Deutsche Bibliothek verzeichnet diese Publikation in der Deutschen
Nationalbibliografie; detaillierte bibliografische Daten sind im Internet
über <http://dnb.ddb.de> abrufbar.

© Verlag Königshausen & Neumann GmbH, Würzburg 2009
Gedruckt auf säurefreiem, alterungsbeständigem Papier
Umschlag: skh-softics / coverart
Druck: Farbendruck Brühl, Marktbreit
Bindung: Verlagsbuchbinderei Keller GmbH, Kleinlüder
Alle Rechte vorbehalten
Printed in Germany
ISBN 978-3-8260-4167-9
www.koenigshausen-neumann.de
www.buchhandel.de
www.buchkatalog.de

10 „Literarische Stationen" auf dem „Thomas-Mann-Weg"

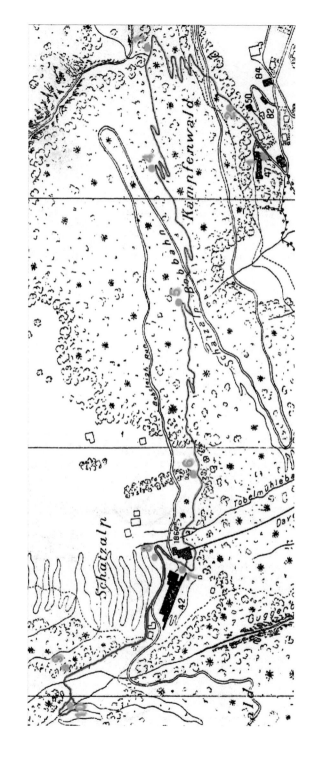

Vom „Waldhotel Davos" (Tafel 1) zum „Thomas-Mann-Platz" (Tafel 10) auf der Schatzalp

THOMAS MANN

geb. 6. Juni 1875 in Lübeck
gest. 12. August 1955 in Zürich

«DER MENSCH SOLL UM DER GÜTE UND LIEBE WILLEN DEM TODE KEINE
HERRSCHAFT EINRÄUMEN ÜBER SEINE GEDANKEN»

(aus: «DER ZAUBERBERG», 6. Kapitel: «SCHNEE»)

Vom 15. Mai bis 12. Juni 1912 wohnte THOMAS MANN im HAUS AM STEIN unterhalb
des heutigen WALDHOTELS DAVOS, des damaligen WALDSANATORIUMS. Dort weilte
KATIA MANN im Jahre 1912 für sechs Monate zur Kur. Während seines vierwöchigen
Besuchs leistete der Schriftsteller seiner Frau bei den täglichen Liegekuren auf dem Balkon
des Sanatoriums regelmäßig Gesellschaft.

Inspiriert durch seine Eindrücke in Davos schrieb THOMAS MANN von 1913 bis 1924 sein
bedeutendes Werk «DER ZAUBERBERG». In diesem Roman entwirft er das innere Bild der
europäischen Vorkriegsepoche, indem er die luxuriöse Atmosphäre und die internationale
Gesellschaft des «Lungensanatoriums» in der Zeit vor 1914 kritisch «durchleuchtet». Der an
Tuberkulose leidende Romanheld Hans Castorp durchläuft während seines siebenjährigen
Bildungsganges auf dem «Zauberberg» einen entscheidenden Erkenntnisprozess und wird
zum Hoffnungsträger einer neuen Humanität.

THOMAS MANNS Roman «DER ZAUBERBERG» verschaffte DAVOS einen Platz in der
Weltliteratur.

LANDSCHAFT DAVOS GEMEINDE
im Jahre 2006

Thomas-Mann-Gedenktafel im Park des Kirchner-Museums in Davos

- *errichtet von der Kulturkommission Davos Gemeinde*
- *eingeweiht am 12. August 2006*
- *Text: Klaus Bergamin (Davos), Marianne Rott (München)*
- *Künstlerische Gestaltung: Beat Rüttimann (Monstein)*

THOMAS MANN

geb. 6. Juni 1875 in Lübeck

gest. 12. August 1955 in Zürich

«DER MENSCH SOLL UM DER GÜTE UND LIEBE WILLEN
DEM TODE KEINE HERRSCHAFT EINRÄUMEN
ÜBER SEINE GEDANKEN»

(aus: «DER ZAUBERBERG», 6. Kapitel: «SCHNEE»)

Vom 15. Mai bis 12. Juni 1912 wohnte THOMAS MANN im HAUS AM STEIN unterhalb des heutigen WALDHOTELS DAVOS, des damaligen WALDSANATORIUMS. Dort weilte KATIA MANN im Jahre 1912 für sechs Monate zur Kur. Während seines vierwöchigen Besuchs leistete der Schriftsteller seiner Frau bei den täglichen Liegekuren auf dem Balkon des Sanatoriums regelmäßig Gesellschaft.

Inspiriert durch seine Eindrücke in Davos schrieb THOMAS MANN von 1913 bis 1924 sein bedeutendes Werk «DER ZAUBERBERG». In diesem Roman entwirft er das innere Bild der europäischen Vorkriegsepoche, indem er die luxuriöse Atmosphäre und die internationale Gesellschaft des «Lungensanatoriums» in der Zeit vor 1914 kritisch «durchleuchtet». Der an Tuberkulose leidende Romanheld Hans Castorp durchläuft während seines siebenjährigen Bildungsganges auf dem «Zauberberg» einen entscheidenden Erkenntnisprozess und wird zum Hoffnungsträger einer neuen Humanität.

THOMAS MANNS Roman «DER ZAUBERBERG» verschaffte DAVOS einen Platz in der Weltliteratur.

LANDSCHAFT DAVOS GEMEINDE
im Jahre 2006

Inhaltsverzeichnis

Fünftes Kapitel:

Sechstes Kapitel:

Siebtes Kapitel:

Anhang:

Vorwort

Auf Anregung des Kulturbeauftragten der Landschaft Davos, Herrn Klaus Bergamin, wurde von der Kulturkommission Davos unter ihrem Präsidenten, Herrn Prof. Dr. Werner Schmutz, in Verbindung mit der Gemeinde Davos und Davos Tourismus im Park des Kirchner Museums am 12. August 2006 — zugleich als Abschluss der Thomas-Mann-Literaturtage in Davos — eine Thomas-Mann-Gedenktafel errichtet und feierlich eingeweiht. Die Festrede hielt der Leiter des Thomas-Mann-Archivs der Eidgenössischen Technischen Hochschule Zürich, Herr Dr. Dr. Thomas Sprecher.

Gleichzeitig benannte die Gemeinde Davos den Bergwanderweg, der vom „Waldhotel Davos" zur „Schatzalp" führt, „Thomas-Mann-Weg", — in Erinnerung an den berühmten Schriftsteller und an die beiden „romangeschichtsträchtigen" Stätten des ehemaligen „Waldsanatoriums Prof. Jessen" und der „Schatzalp".

Im August 2006 entstand auch die Idee, „Literarische Stationen" am „Thomas-Mann-Weg" anzulegen, an denen Texttafeln mit Ausschnitten und Zitaten aus Thomas Manns Werk „Der Zauberberg" den Touristen durch den Roman leiten und ihn zu eigenständigen gedanklichen Reflexionen anregen sollen.

Sinn und Zweck meines Buches ist es, hierbei eine Hilfestellung zu leisten und dem Leser geographische und autobiographische Bezüge zwischen Thomas Manns Roman „Der Zauberberg" und realen Gegebenheiten aufzuzeigen. Die Auswahl der Texte auf den Tafeln traf ich in der Weise, dass der Wanderer bzw. Leser nicht nur chronologisch durch den Roman geführt, sondern gleichzeitig mit den wichtigsten Themen- und Problemkreisen und der Intention des Werkes konfrontiert wird. Auch meine neuen Forschungsergebnisse im Hinblick auf verschiedene lokale Geschehnisse im „Zauberberg" stelle ich in diesem Band — veranschaulicht durch Fotografien und zahlreiche Karten mit einschlägigen Skizzen und Markierungen — vor, so dass sie der Wanderer vor Ort leicht nachvollziehen kann.

Da meine Ausführungen zum Lesen animieren und das Interesse am Werk Thomas Manns wecken sollen und sich nicht nur an Kenner des

Romans „Der Zauberberg" richten, informiert am Anfang meiner Darlegung eine Inhaltsangabe über den Handlungsablauf des Romans.

Es bleibt noch, all denjenigen zu danken, die zur Entstehung dieses Buches beigetragen haben. Mein Dank gilt in erster Linie dem Leiter des gesamten Thomas-Mann-Projektes in Davos, Herrn Klaus Bergamin, der bei der zweijährigen Durchführung die mühsamen behördlichen und organisatorischen Aufgaben und Hürden tatkräftig geregelt und mich über diesen langen Zeitraum hin stets ortskundig und hilfsbereit beraten hat.

Zu ganz besonderem Dank bin ich dem Altphilologen und Thomas-Mann-Experten, Herrn Urs von der Crone, verbunden, der dieses Projekt durch gemeinsame Ortsbesichtigungen und seine fachmännische Kompetenz und Ermutigung im letzten Jahr konstant begleitet und durch alle Stadien der Entwicklung hindurch jederzeit konstruktiv und bereitwillig mit Rat und Tat in großzügiger Weise unterstützt hat.

Ganz herzlich danke ich auch dem Forstbetriebsleiter der Landschaft Davos Gemeinde, Herrn Hanspeter Hefti, der mir die Möglichkeit gab, den Plan von Davos aus dem Jahre 1912 mit einer noch aussagekräftigeren alten topographischen Karte zu vergleichen, wodurch meine Vermutung zur Gewissheit wurde, dass es sich bei der Stelle oberhalb der Waldschlucht am Schiabach tatsächlich um den authentischen „Lieblingsplatz Hans Castorps" handelt. Zu großem Dank verbunden bin ich ihm gleichermaßen für die mehrmaligen gemeinsamen Besichtigungen der Stätte am Schiabach und für sein Engagement, bis August 2008 durch seine Waldarbeiter einen wieder begehbaren Weg zu jenem „malerischen Ort" oberhalb des Wasserfalles anlegen zu lassen.

Mein herzlicher Dank gilt weiterhin Herrn Pius App vom Hotel Schatzalp für seine kooperative Bereitschaft, das Projekt „Thomas-Mann-Weg" mit der von ihm geplanten Gestaltung des „Thomas-Mann-Platzes" auf dem Areal hinter dem „Botanischen Garten Alpinum Schatzalp" zu verbinden.

Ebenso spreche ich meinen besonderen Dank Herrn Dr. Timothy Nelson, dem Leiter der Dokumentationsbibliothek Davos, für die Verfügungstellung der Bücher und Materialien und vor allem für die gute Beratung aus.

Nicht zuletzt danke ich sehr herzlich Andreas Krah für seine stete Hilfsbereitschaft und sein großes Engagement in der computertechnischen Bildgestaltung dieses Buches.

Abschließend sei noch darauf hingewiesen, dass am 9. August 2008 die Einweihung des „Thomas-Mann-Weges" mit seinen zehn „Literarischen Stationen" sowie des von Herrn Pius App angelegten „Thomas-Mann-Platzes" und des authentischen „Lieblingsplatzes Hans Castorps", den ich im Mai 2007 entdeckte, stattfand. Zu der mit großem Interesse aufgenommenen Veranstaltung hatten die Gemeinde Davos, die Destinations-Organisation Davos Klosters und die Besitzer der Schatzalp gemeinsam eingeladen.

München, den 5. Mai und 24. September 2008   *Marianne Rott*

Inhalt des Romans

(„DER ZAUBERBERG": Roman von Thomas Mann [1875-1955]; 1.Entstehungsabschnitt: 1913-1915, 2. Entstehungsabschnitt: 1919-1924; erschienen: 1924)

Der dreiundzwanzigjährige Hamburger Patriziersohn Hans Castorp aus sehr wohlhabendem, angesehenem, hanseatischem Hause besucht nach bestandenem Ingenieurexamen seinen lungenkranken Vetter, Joachim Ziemßen, im „Internationalen Sanatorium Berghof" in Davos und plant, für drei Wochen in dem malerischen Hochgebirgstal seinen Urlaub zu verbringen.

Anfangs fällt es ihm schwer, sich in die eigentümliche Kuratmosphäre „derer hier oben" einzuleben. Aber er gerät sehr rasch in den Bann des „hermetischen Zaubers" der ihm fremd anmutenden Stätte und unterwirft sich auf Anraten von Hofrat Behrens, dem Chefarzt und ärztlichen Leiter des Sanatoriums, gefügig dem geregelten Tagesablauf der Tuberkulösen mit seinen obligatorischen Liegekuren, vorgeschriebenen Spaziergängen und fünf üppigen Mahlzeiten. Bald allerdings erkrankt er selbst, so dass sich der kurze Urlaub des „Flachländers" zu einem Patientendasein „hier oben" von nicht weniger als sieben Jahren ausweitet.

Von ihm zunächst unbemerkt, ändern sich auf dem „Zauberberg" allmählich sein „Zeiterlebnis" und sein „Zeitempfinden", — eine Symptomatik, zu deren Entwicklung schon am dritten Tag nach seiner Ankunft in Davos die „Konfusion" beiträgt, die in ihm ein plötzlicher Wettersturz auslöst. Die Problematik seines eigenartigen Umgangs mit der „Zeit" wird Hans Castorp allerdings im Laufe seines Kuraufenthaltes immer wieder bewusst, was aus seinen Reflexionen über die „reine Zeit" hervorgeht, die Thomas Mann leitmotivisch in seinen Roman einbaut.

Bereits in der ersten Woche seines Hospitantendaseins lernt der junge Ingenieur den italienischen Literaten Settembrini kennen, einen Freimaurer, Humanisten und Verfechter des demokratischen Gedankenguts und der Weltrepublik. Der selbst ernannte Pädagoge bemüht sich, auf seinen Zögling durch seine Theorien geistigen Einfluss auszuüben. Zunächst ist Hans Castorp für dessen Darlegungen empfänglich, doch distanziert er sich nach und nach immer stärker von der Praxisferne des Philosophen. Sehr skeptisch steht der Patriziersohn auch Settembrinis übertriebenem Fortschrittsglauben an die „Selbstvervollkommnung der Menschheit" gegenüber.

Sein besonderes Augenmerk richtet der Romanheld von Anfang an vor allem auf die bezaubernde Russin Clawdia Chauchat, deren Charme er von der ersten Begegnung an nicht widerstehen kann, obwohl ihn ihr rücksichtsloses „Türenschmettern" in höchstem Maße empört. Trotz ihrer Unsitte steigert sich jedoch seine Zuneigung zu Madame Chauchat von Tag zu Tag.

Fachlich beschäftigt sich Hans Castorp sehr bald mit intensiven Studien außerhalb seiner Ingenieurwissenschaften, vor allem im biologischen, molekularbiologischen, medizinischen und kosmischen Bereich. Zusammen mit seinem Vetter Joachim Ziemßen engagiert er sich schließlich auch sozial und karitativ, indem er Besuche bei Moribunden abstattet. Besonders kümmern sich beide fürsorglich um Karen Karstedt, eine auswärtige Privatpatientin des Hofrats.

Am Faschingsabend kommt es — trotz Settembrinis Warnungen — zur näheren Begegnung zwischen dem Romanhelden und der Russin, wobei der junge Patriziersohn so sehr in Erregung gerät, dass er Clawdia seine Liebe gesteht. Aber Madame Chauchat reist ab.

Auch der minderbemittelte Literat Settembrini beendet sein „Gastspiel" im Luxussanatorium und zieht in eine „Speicherklause" in einem kleinen Haus des Damenschneiders Lukaçek in Davos Dorf. Dort lernen Hans Castorp und Joachim Ziemßen einen weiteren lungenkranken Untermieter, den Intellektuellen Leo Naphta, kennen, der sich mit dem Humanisten und Zivilisationsliteraten Settembrini heftige philosophische Disputationen liefert. Naphta — Jesuit, polnischer Jude und Kommunist — vertritt eine weltanschauliche Theorie, die das Heil in einer Synthese von mittelalterlich-katholischer Universalherrschaft und Kommunismus sieht. Mit seiner Tendenz zu Terror, Chaos und Folter steht er in krassem Gegensatz zu Settembrinis Humanitätsgedanken.

Für Joachim Ziemßen, der die Kontroversen der beiden Philosophen interessiert verfolgt, gelten Pflichtgefühl und Gehorsamsleistung als oberstes Postulat. So kehrt er gegen den Willen von Hofrat Behrens zum Militärdienst zurück, was eine irreparable Verschlechterung seiner Krankheit bewirkt. Hans Castorp hingegen bleibt als Patient im „Berghof" und lässt sich — obwohl inzwischen geheilt — auch von seinem Onkel, James Tienappel, nicht bewegen, nach Hause zu reisen.

Doch wird der Romanheld aktiver und lernt heimlich das Skifahren. Bei einem seiner Skiabenteuer riskiert er allerdings zu viel und gerät in

Todesgefahr. In diesem Grenzerlebnis vollzieht sich in ihm durch seine Traumvision eine entscheidende „Wandlung", und er wechselt von der „Sympathie mit dem Tode", der er bisher verhaftet war, zur „Sympathie mit dem Leben". Er erkennt, dass es im Wesentlichen auf die Schaffung einer „neuen Humanität" ankommt, als deren Hoffnungsträger er vom Autor bestimmt ist. Doch verdrängt er sehr rasch wieder seine neue Einsicht.

Im Frühjahr kehrt sein Vetter Joachim als Todkranker ins Sanatorium zurück und stirbt wenige Wochen später. Auch Madame Chauchat findet sich erneut im „Berghof" ein, allerdings in Begleitung des Kolonialholländers Mynheer Peeperkorn, der eine Kaffeeplantage auf Java besitzt und an Malaria erkrankt ist. Seine imposante Erscheinung und Vitalität beeindrucken Hans Castorp in hohem Maße, so dass er sogar eine Duzfreundschaft mit seinem Rivalen Peeperkorn schließt. Nach dem Suizid des Holländers aber reist Madame Chauchat ab, weshalb der Romanheld in eine schwere Krise stürzt und — infiziert von der „Berghofgesellschaft" — in Lethargie verfällt. In den Monaten unmittelbar vor Ausbruch des Ersten Weltkriegs prägen eine allgemeine Nervosität und Gereiztheit die Atmosphäre im Sanatorium, die ihre Steigerung in krankhaften Neigungen und Verhaltensweisen finden. Es kommt unter den Patienten im „Berghof" zu regelrechten Exzessen und zur fragwürdigen Beschäftigung mit dem Okkulten. In einer der spiritistischen Sitzungen, die Dr. Krokowski, der Assistent des Hofrats, veranstaltet, erscheint der verstorbene Leutnant Joachim Ziemßen den Angehörigen des okkulten Circels mit seinem „Kriegsbart" und in eigenartiger „landsknechthafter" Bekleidung — gleichsam als Karikatur des „preußischen Soldatentums". Und an der jungen Dänin, Ellen Brand, nimmt Dr. Krokowski hypnotische Versuche vor.

Ihren tragischen Höhepunkt erhalten diese Eskalationen in dem Pistolenduell zwischen Naphta und Settembrini, dessen Anlass unbegreiflich ist und in nichts anderem als einer erregten Kontroverse der beiden Philosophen über die „Freiheit" besteht, so dass gar keine wirkliche Beleidigung und somit kein eigentlicher Grund für eine Satisfaktion — noch dazu in Form eines Pistolenduells, das grundsätzlich eine Tötung billigend in Kauf nimmt, — vorliegt. Aber das Duell findet statt. Der Humanist Settembrini schießt, um nicht töten zu müssen, in die Luft. Naphta setzt seinem Leben mit einem Pistolenschuss in die Schläfe ein Ende.

Nach diesem verhängnisvollen Vorfall ist Settembrini so sehr geschwächt, dass er kaum mehr sein Mansardenstudio verlässt. Hans Castorp besucht ihn daher oftmals in seiner „Speicherklause". Doch das Zeitgefühl des Romanhelden und sein Interesse für die Ereignisse des „Flachlandes" schwinden nun vollständig. Erst der Ausbruch des Ersten Weltkrieges am 1. August 1914 rüttelt den Hamburger Patriziersohn wieder aus seiner Lethargie wach. Settembrini begleitet ihn persönlich zum Bahnhof von Davos und verabschiedet ihn dort zu seiner Teilnahme am Ersten Weltkrieg als „Freiwilliger".

Im Getümmel und Gemetzel auf dem Schlachtfeld singt der Romanheld bruchstückhaft sein Lieblingslied, Schuberts „Lindenbaum": „Am Brunnen vor dem Tore". Sein Schicksal lässt der Autor offen. Allerdings scheint der Held eher dem Tode geweiht zu sein. Ungewiss bleibt auch, ob sich Hans Castorps Einsatz und Opferbereitschaft überhaupt lohnen. So steht am Schluss die bange Frage, ob nach all diesen Schrecken des Krieges einmal die „Liebe" — und mit ihr die „neue Humanität", für die zu kämpfen Hans Castorp in den Ersten Weltkrieg gezogen ist, — siegen wird.

ERSTES KAPITEL

Station 1

Das „Internationale Sanatorium Berghof" Lokale und personelle Vorlagen

Tafel 1

1

LAGEBESCHREIBUNG des WALDSANATORIUMS

(in: THOMAS MANN: "DER ZAUBERBERG", 1. Kapitel: "Ankunft")

"Unser Sanatorium liegt noch höher als der Ort, wie du siehst," fuhr Joachim fort. "Fünfzig Meter. Im Prospekt steht 'hundert', aber es sind bloß fünfzig."

BESCHREIBUNG des WEGES hinter dem WALD-SANATORIUM

(in: THOMAS MANN: "DER ZAUBERBERG", 3. Kapitel: "Neckerei.....")

"Der Weg, den sie (Joachim Ziemßen und Hans Castorp) einschlugen - eigentlich war es der einzige, der in Betracht kam, außer der zu Tale abfallenden Fahrstraße -, leitete sie leicht ansteigend nach links an der Rückseite des Sanatoriums vorbei, der Küchen- und Wirtschaftsseite, wo eiserne Abfalltonnen an den Gittern der Kellertreppen standen, lief noch ein gutes Stück in derselben Richtung fort, beschrieb dann ein scharfes Knie und führte steiler nach rechts hin den dünn bewaldeten Hang hinan. Es war ein harter, rötlich gefärbter, noch etwas feuchter Weg, an dessen Saume zuweilen Steinblöcke lagen."

Station 1: Mauer am Ende der Buolstraße vor dem „Waldhotel Davos", dem ehemaligen „Waldsanatorium Prof. Jessen"

LAGEBESCHREIBUNG des WALDSANATORIUMS
(in: THOMAS MANN: „DER ZAUBERBERG",
1. Kapitel: „Ankunft", S.13)

„Unser Sanatorium liegt noch höher als der Ort, wie du siehst," fuhr Joachim fort. „Fünfzig Meter. Im Prospekt steht ‚hundert', aber es sind bloß fünfzig."

BESCHREIBUNG des WEGES hinter
dem WALDSANATORIUM
(in: THOMAS MANN: „DER ZAUBERBERG",
3. Kapitel: „Neckerei ....", S.52)

„Der Weg, den sie (*Joachim Ziemßen und Hans Castorp*) einschlugen — eigentlich war es der einzige, der in Betracht kam, außer der zu Tale abfallenden Fahrstraße — , leitete sie leicht ansteigend nach links an der Rückseite des Sanatoriums vorbei, der Küchen- und Wirtschaftsseite, wo eiserne Abfalltonnen an den Gittern der Kellertreppen standen, lief noch ein gutes Stück in derselben Richtung fort, beschrieb dann ein scharfes Knie und führte steiler nach rechts hin den dünn bewaldeten Hang hinan. Es war ein harter, rötlich gefärbter, noch etwas feuchter Weg, an dessen Saume zuweilen Steinblöcke lagen."

19

Die zwei bedeutendsten lokalen Vorlagen

Waldsanatorium Prof. Jessen

············ 100 M. oberhalb ············

Höchster Komfort **Davos-Platz** Höchste Hygiene

Heilanstalt für alle Formen der Tuberkulose.

Privat-Appartements mit eigenem Bad, Toilette u. Telephon ● Lichtsignale anstatt Glocken.
Warm- und Kaltwasser in allen Südzimmern ● Schwimmbassin ● Sonnenbad ● Röntgenkabinett.

Als der Schriftsteller Thomas Mann und seine Frau Katia im Jahre 1912 Davos besuchten, wurde in den „Davoser Blättern" für das „Waldsanatorium Prof. Jessen" und das „Internationale Sanatorium Dr. Philippi" mit den zwei obigen Anzeigen geworben Beide Sanatorien dienten in Thomas Manns Werk „Der Zauberberg" als wichtigste Vorlagen für das „Internationale Sanatorium Berghof", den zentralen Ort des Romangeschehens.

Vorlage für die Fassade des „Berghofes"
und seine Lage am Nordosthang in Davos Dorf

Die Beschreibung der Fassade des „Berghofes" im Roman weist eine Übereinstimmung mit der Front des „Internationalen Sanatoriums" auf, das 1898 am linksseitigen, nordöstlichen Berghang in der Nähe des Bahnhofes Davos Dorf erbaut und seit 1905 von Dr. Hans Philippi geleitet wurde.

> „Sie (*Joachim Ziemßen und Hans Castorp*) hatten die unregelmäßig bebaute, der Eisenbahn gleichlaufende Straße ein Stück in der Richtung der Talachse verfolgt, hatten dann nach links hin das schmale Geleise gekreuzt, einen Wasserlauf überquert und trotteten nun auf sanft ansteigendem Fahrweg bewaldeten Hängen entgegen, dorthin, wo auf niedrig vorspringendem Wiesenplateau, die Front südwestlich gewandt, ein langgestrecktes Gebäude mit Kuppelturm, das vor lauter Balkonlogen von weitem löcherig und porös wirkte wie ein Schwamm, soeben die ersten Lichter aufsteckte." (1. Kapitel: "Ankunft", S. 12)

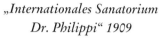

„Internationales Sanatorium
Dr. Philippi" 1909

„Sanatorium Valbella" 1916

Das „Internationale Sanatorium Dr. Philippi" erhielt 1916 den Namen „Sanatorium Valbella", diente von ca. 1918 bis 1946 als „Deutsches Kriegerkurhaus" und wurde seit 1946 wieder unter der alten Bezeichnung „Sanatorium Valbella" geführt. Im Jahre 1957 kam es zu einer Umbenennung in „Hochgebirgsklinik Valbella". Von 1979 an war das renommierte Haus unter dem Namen „Höhenklinik Valbella" bekannt. Die Einstellung des Betriebes erfolgte im Jahre 2005. Seitdem werden die Patienten in der „Hochgebirgsklinik Wolfgang" untergebracht.

Heute weist das leerstehende ehemalige Jugendstilhaus, dessen Fassade durch die Umbauten von 1955 und 1970 völlig verändert und modernisiert wurde, keinen Kuppelturm mehr auf.

„Deutsches Kriegerkurhaus"
in den zwanziger Jahren

„Höhenklinik Valbella" 1983

Auch der Weg, den im Roman Joachim Ziemßen und sein Vetter Hans Castorp nach dessen Ankunft in Davos Dorf einschlagen, führt zum „Internationalen Sanatorium Dr. Philippi".

Verwischte Ortsschilderung -
Keine eindeutige lokale Fixierung des „Berghofes"

Kurze Zeit später aber verwischt Thomas Mann diese Ortsschilderung wieder durch eine Höhenangabe, die nicht der Lage des „Internationalen Sanatoriums Dr. Philippi" in ca. 20 bis 25 m Höhe über der Talsohle entspricht, so dass der Leser keine eindeutige lokale Fixierung des „Internationalen Sanatoriums Berghof" und damit des zentralen Schauplatzes des Romans auf eines der Davoser Sanatorien realiter vornehmen kann.

> „Unser Sanatorium liegt noch höher als der Ort, wie du siehst," fuhr Joachim fort. „Fünfzig Meter. Im Prospekt steht ‚hundert', aber es sind bloß fünfzig." (1. Kapitel: „Ankunft", S. 13, **Tafel 1**)

Offenkundig bezieht sich diese Lagebeschreibung des „Berghofes" in einer Höhe von hundert Metern oberhalb von Davos auf die obige einleitend abgebildete Prospektangabe des „Waldsanatoriums Prof. Jessen" in Davos Platz, das in den Jahren 1910/1911 an der westlichen Tallehne errichtet[1], 1957 in das „Waldhotel Bellevue" umgebaut[2] und im Herbst 2005 in „Waldhotel Davos" umbenannt wurde.

Das „Waldsanatorium" in Davos Platz :
Seine Dominanz unter den Vorlagen für das
„Internationale Sanatorium Berghof" im Roman
und seine Bedeutung für das Romangeschehen

In diesem „Waldsanatorium" weilte Katia Mann wegen ihrer Erkrankung an einem »Lungenspitzenkatarrh« vom 22. März bis 25. September 1912[3] zur Kur.

Alte Aufnahme des
„Waldsanatoriums Prof. Jessen"
mit „Haus am Stein" im Vordergrund

Aufnahme des „Waldhotels Davos"
mit „Haus am Stein"
im Vordergrund (Herbst 2007)

Thomas Mann bezog während seines Besuches in Davos vom 15. Mai bis 12. Juni 1912 direkt gegenüber im „Haus am Stein" Quartier und damit in unmittelbarer Nachbarschaft seiner Gemahlin und eines internationalen, vielfach kuriosen Publikums, das einen Künstler mit höchst subtil ausgeprägter Beobachtungsgabe unwillkürlich zu spontaner Kreativität animieren musste.

So entstand schon früh der Plan zu einer „Novelle" — ursprünglich mit dem Titel „Der verzauberte Berg"[4]. Thomas Mann schreibt in seinem »Lebensabriss« von 1930, dass sich in ihm „die Hörselbergidee [zu 4] zu einer knappen Novelle" aus „jenen wunderlichen Milieueindrücken" gebildet habe, die er „im Mai und Juni 1912 in Davos sammelte", wobei seine Impressionen vom „Waldsanatorium Prof. Jessen" zweifellos als die nachhaltigsten gelten können. Sehr bald aber weitete sich dieses Vorhaben eines Interims-Werkes, einer „raschen Einlage in die Schwindlerbekenntnisse des Felix Krull" [5] zu einem groß angelegten und bis ins Detail meisterhaft konzipierten „Roman" mit dem Titel „Der Zauberberg" aus.

In ihm schildert Thomas Mann milieu- und sozialkritisch die Vorkriegsepoche des Ersten Weltkrieges in dem Zeitraum von 1907 bis 1914 an Hand der Vorkommnisse, Phänomene und Exzesse im Sanatoriumsalltag. „Die Figuren sind ... lauter Exponenten, Repräsentanten und Sendboten geistiger Bezirke, Prinzipien und Welten" [6] und tragen Züge ihm persönlich oder durch die Erzählungen seiner Frau bekannter Personen.

Personelle Vorbilder für das
„Internationale Sanatorium Berghof"

So spiegelt sich — nicht ohne Ironie — nicht nur das Konterfei seines befreundeten Dichterkollegen Gerhart Hauptmann in der imposanten Gestalt des Holländers Mynheer Peeperkorn mit seinen „großen Kulturgebärden" (S. 656) wider oder finden sich physiognomische Charakteristika des frühverstorbenen Philosophen Max Steiner und des Literaturphilosophen Georg Lukács in der Beschreibung der problematischen Persönlichkeit Naphtas — eines Jesuiten, polnischen Juden und Kommunisten — , sondern es dienten dem Schriftsteller als Vorlagen für eine große Anzahl seiner Romanfiguren auch viele Kurgäste, insbesondere Tuberkulosekranke des „Waldsanatoriums Prof. Jessen" in Davos Platz.

Als Katia Mann auf Einladung des Landammanns Dr. Christian Jost am 8. März 1968 — vierundachtzigjährig — Davos besuchte[7] und in dem damaligen „Waldhotel Bellevue", dem ehemaligen „Waldsanatorium", zu Gast war, wurden in ihr spontan Erinnerungen an mehrere Mitpatienten vor sechsundfünfzig Jahren wach, die entweder als Protagonisten oder in Nebenrollen in den Roman eingingen.

Frau Mann gab im Gespräch mit ihren Gastgebern, wie Herr Prof. Dr. Christian Virchow berichtet [zu 7], das Geheimnis verschiedener Identitäten im „Zauberberg" preis, u. a. das des Vetters Joachim Ziemßen, „dessen leiblichen Vorgänger" sie allerdings „nicht persönlich, sondern nur vom Sehen" her „kennengelernt"[8] habe. „Man hörte von ihm", so erzählte sie, dass „sein Drang und sein Pflichtgefühl, zu den Fahnen zu eilen, seine Krankheit verschlimmert und zu seinem frühen Tode geführt habe." [zu 8] Die Parallele zum Romangeschehen ist unverkennbar!

Auch „der leichtfertige und großsprecherische Herr Albin, der die Damen mit seinen" unterschiedlichen Waffen ängstigte und die Pistolen zum Duell zwischen Naphta und Settembrini lieferte, hatte sein Vorbild in einem Kurgast, einem Herrn von Arnim, dessen Bekanntschaft sie allerdings „nicht in Davos, sondern bei einem späteren Kuraufenthalt in Arosa" [zu 8] gemacht habe.

Die beiden Damen ‚Stöhr' und ‚Iltis' im Roman waren synonym mit den Gästen ‚Plühr' und ‚Maus' des „Waldsanatoriums Prof. Jessen" in Davos Platz. Es sei ihr schwer gefallen, sich lange mit ihnen zu unterhalten. Die meisten Patienten seien darüber verwundert gewesen, wie man „so krank und so töricht zugleich" sein könne wie jene beiden Damen.[9]

Auch das leibhaftige Vorbild der Madame Chauchat schmiss im „Waldsanatorium", — wie Katia Mann in ihren „ungeschriebenen Memoiren" berichtet[10] — , „immer die Türen" und hat den Besucher Thomas Mann „zunächst mit ihrem" Türenschmettern „tatsächlich sehr verletzt, beleidigt und geärgert" [zu 10].

Im Gegensatz jedoch zu diesem rücksichtslosen Verhalten der Russin beim Betreten eines Raumes steht im Roman die Geräuschlosigkeit ihres Ganges: „Sie ging ohne Laut, was zu dem Lärm ihres Eintritts in wunderlichem Gegensatz stand, ging eigentümlich schleichend." (3. Kapitel: „Natürlich, ein Frauenzimmer", S. 82) Und Hans Castorps Tischnachbarin, die Lehrerin Fräulein Engelhart, vergleicht Clawdias Gang mit dem eines Kätzchens und weist den Romanhelden auf die bezaubernde Russin mit den Worten hin: „Natürlich, da geht sie, — und wie reizend sie geht, — ganz wie ein Kätzchen zur Milchschüssel schleicht!" (4. Kapitel: „Tischgespräche", S. 143)

Mit ihrem Nachnamen „Chau**chat**" wird somit die einzige weibliche Hauptperson des Romans typisiert. „Als »Katze« reiht sie sich", wie Erkme Joseph betont, „in eine literarische Tradition ein, die sich auf Goethes »Faust« so gut wie auf Nietzsche zurückführen lässt... Und wenn Nietzsche das, »was am Weibe bezaubert und **die Schönheit** ausmacht [...], l'air chat« nennt, so mag er damit Thomas Mann zur Namensgebung für die Protagonistin angeregt haben." [11]

Für die Gestalt Clawdia Chauchats im Roman steht darüber hinaus Nietzsches Lou von Salomé Pate. Wie Nietzsche von Lou, der Tochter eines russischen Generals hugenottischer Herkunft, „förmlich über den Haufen geworfen" wird, so gerät im „Zauberberg" Hans Castorp durch die Erscheinung Clawdias, deren Ehemann — ebenso wie Lou's Vater — französische Vorfahren hat, in sichtliche Erregung. Beide Damen gelten zudem als polyglott. Hofrat Behrens bemerkt über Clawdia Chauchat: „Na, und Französisch oder auch Neuhochdeutsch miaut das Kätzchen ja allerliebst." (6. Kapitel: „Veränderungen", S. 374)

Nicht zuletzt behalten beide Verehrer — Nietzsche wie Castorp — jeweils ein Unterpfand ihrer Geliebten zurück.[12] „Ein »Schattenriss« zeigt die Russin Lou — mit einer Peitsche in der Hand — auf einem Leiterwagen, der von Nietzsche und Paul Rée gezogen wird." [zu 12] Lou von Salomés »Schattenriss« wird im „Zauberberg" zum »Schattenbild«, zur Röntgenaufnahme [zu 12] Clawdia Chauchats, die Hans Castorp ständig bei sich trägt.

Katia Mann, zusammen mit Prof. Dr. med. Christian Virchow, Chefarzt der Hochgebirgsklinik Davos Wolfgang, während ihres Besuches auf dem „Zauberberg" am 8. März 1968

Doch beobachtete der Schriftsteller nicht nur aufmerksam die internationale Gesellschaft des Luxussanatoriums, sondern ebenso das Personal des Hauses.

Auch Katia Mann ließ bei ihrem Besuch am 8. März 1968 ihre Eindrücke von den einheimischen Bediensteten des „Waldsanatoriums", z. B. der im Speisesaal servierenden Saaltöchter, vor allem der Zwergin Emerentia[13], Revue passieren.

Die Oberschwester des Hauses, eine Verwandte Professor Jessens, —so erläuterte sie— habe eigentlich »Alyke von Tümpling« geheißen und sei in den „Zauberberg" als »Adriatika von Mylendonck« eingegangen. Frau von Tümpling, alias von Mylendonck im Roman, aus deren Vokabular das umgangssprachige »Menschenskind« nicht wegzudenken war, habe damals tatsächlich an einem hartnäckigen Gerstenkorn gelitten.[14]

Zweifellos aber richtete Thomas Mann sein Augenmerk in besonderem Maße auf den aus Schleswig-Holstein stammenden Geheimen Sanitätsrat und königlich preußischen Professor Dr. med. Friedrich Jessen, den Chefarzt und Leiter des „Waldsanatoriums", um manche der ihm eigenen Züge in seine Romanfigur „Hofrat Behrens" zu montieren.

Der Geheime Sanitätsrat und königlich preußische Professor Dr. med. Friedrich Jessen (1865-1935), der von 1903 bis 1927 in Davos lebte, war Chefarzt des „Waldsanatoriums" und behandelnder Arzt von Katia Mann im Jahre 1912.

Ein Vergleich der obigen Fotografie Professor Jessens mit der Schilderung des Hofrates Behrens bei dessen ersten Begegnung mit dem Romanhelden Hans Castorp in Thomas Manns Werk „Der Zauberberg" zeigt eine weitgehende Identität beider Personen im Hinblick auf ihr äußeres Erscheinungsbild.

> „Er sprach stark niedersächsisch, breit und kauend ... Und er gab dem jungen Mann seine Hand, die groß war wie eine Schaufel. Er war ein knochiger Mann, wohl drei Köpfe höher als Dr. Krokowski, schon ganz weiß auf dem Kopf, mit heraustretendem Genick, großen, vorquellenden und blutunterlaufenen blauen Augen, in denen Tränen schwammen, einer aufgeworfenen Nase und kurzgeschnittenem Schnurrbärtchen, das schief gezogen war, und zwar infolge einer einseitigen Schürzung der Oberlippe. Was Joachim von seinen Backen gesagt hatte, bewahrheitete sich vollkommen, sie waren blau; und so wirkte sein Kopf denn recht farbig gegen den weißen Chirurgenrock, den er trug, einen über die Knie reichenden Gurtkittel, der unten seine gestreiften Hosen und ein paar kolossale Füße in gelben und etwas abgenutzten Schnürstiefeln sehen ließ." (3. Kapitel: „Frühstück", S. 50)

Wie sein Assistent Krokowski ist auch der ehemals selbst tuberkulöse Chefarzt Behrens gemäß dieser Beschreibung im Roman „Charons-Gestalt" [15], der Todessymbole zugeordnet sind, wie die blaue Farbe der Backen und die „tränenden Augen" (Vgl. ebenso 4. Kapitel: „Aufsteigende Angst....", S. 157/158).

Seinen nicht angemessenen Erwerbssinn kritisiert der italienische Literat Settembrini im 3. Kapitel: „Satana" in scharfer Form, indem er ihn als „Vogelfänger", „Satanskerl" und „Rhadamanth" tituliert (S. 65). Zwar ist „die im »Zauberberg« enthaltene Kapitalismuskritik ... nicht durchgängig die zentrale Intention" [16] des Werkes, doch erscheinen die beiden Ärzte zu Beginn des Romans wie „Agenten des Todes" [zu 16], deren Interesse vordringlich darin besteht, die Patienten im Sanatorium festzuhalten.

Alle aber, die Herrn Professor Jessen kannten, fanden eine solch harte Kapitalismuskritik — bezogen auf seine Person — nicht für gerechtfertigt. So ist es nicht verwunderlich, dass eine derartige Charakterisierung des allgemein geschätzten und beliebten Chefarztes des „Waldsanatoriums" in der Davoser Bevölkerung nach dem Erscheinen des Romans im Jahre 1924 spontan eine Welle der Empörung auslöste.

Katia Mann betonte anlässlich ihres Besuches 1968 im „Waldhotel Bellevue", dem ehemaligen „Waldsanatorium", sie habe Herrn Professor Jessen gemocht. [17] Er sei „bereits vom Äußerlichen her eine sehr farbenreiche Persönlichkeit" [zu 17] gewesen. Tatsächlich habe er ihren Mann im Mai 1912, nachdem er ihn untersucht hatte, im Sanatorium behalten wollen. [18] „Sie seien zunächst ratlos gewesen, hätten dann aber einen befreundeten Arzt in München angerufen und ihn nach seiner Ansicht befragt." [zu 18] Dessen Beurteilung der Symptomatik jedoch habe ihren Mann damals zur Abreise bewogen [zu 18] — ganz im Gegensatz zu seinem bedeutendsten Protagonisten Hans Castorp, den der Schriftsteller eine dem Hofrat hörige Entscheidung treffen lässt.

Die Parallele zum Romangeschehen ist — wie im Fall von Castorps Vetter Joachim Ziemßen — offenkundig, gesteigert allerdings durch den Tatbestand, dass Situation, Szenerie und Handlung zu Beginn des „Zauberbergs" weitgehend mit einem Erlebnis, das dem Autor persönlich im ehemaligen „Waldsanatorium Prof. Jessen" widerfahren ist, übereinstimmen.

Auf diese autobiographische Prägung und Ausrichtung seines Werkes machte Thomas Mann in seinem „Einführungsvortrag zum »Zauberberg«" vor Studenten in Princeton (1939) u. a. auch durch einen Hinweis auf die „humoristisch-sympathische Figur" [19] des demokratischen Humanisten Settembrini aufmerksam. Sie sei „zuweilen das Mundstück des Autors" [zu 19] im Roman, so bekannte er vor seinem jungen amerikanischen Publikum.

Kommunikationspraktiken im Sanatoriumsalltag
und ihre Vorbilder

Selbst Thomas Manns Schilderung der Atmosphäre im „Internationalen Sanatorium Berghof" und der dort vorherrschenden Kommunikationspraktiken, sowohl unter den Kurgästen als auch zwischen Ärzten und Patienten, resultiert weitgehend aus der Erzählung und den persönlichen Erlebnissen seiner Frau.

Wie Katia Mann bestätigte[20], gab es im Speisesaal[21] des „Waldsanatoriums" in Davos Platz tatsächlich einen „Guten Russentisch" und einen „Schlechten Russentisch"; zudem habe Herr Professor Jessen wirklich abwechselnd — wie Hofrat Behrens im Roman — an einem der Tische im Saal den Vorsitz geführt [zu 20].

Ebenso reihten sich die Patienten im Turnus von Zeit zu Zeit in eine andere Tischgesellschaft ein und zogen somit während ihres Kuraufenthaltes mehrmals von Tisch zu Tisch um. So weist Thomas Mann seinem Romanhelden Hans Castorp im Laufe der sieben Jahre, die der junge Ingenieur auf dem „Zauberberg" verbringt, ungefähr jeweils für ein Jahr an jedem der sieben Tische des Speisesaals seinen Platz zu[22] — und lässt unverkennbar märchenhafte Motive aus „Schneewittchen" im Roman anklingen!

Nach dem Vorbild des „Waldsanatoriums" in Davos Platz verfügt auch der „Berghof" über zwei „allgemeine Liegehallen"[23]. Diese suchen nicht nur jene Patienten auf, deren Zimmer gegen Norden liegen oder die keinen Balkon haben, sondern ebenso verweilen dort gerne betuchtere Kurgäste. Entweder bevorzugen sie die sich gegen Süden öffnende, „mit Blech bedeckte" Halle im Garten, die allerdings nur den „Liegehallendamen" vorbehalten bleibt, oder die „gemeinsame Liegehalle" auf dem Dach, wo Madame Chauchat nebst andern „Parthern und Skythen" aus Gründen der Geselligkeit anzutreffen ist, aber auch der minder bemittelte italienische Literat Settembrini notgedrungen seine Liegekuren absolviert [zu 23], — alle bequem gebettet auf den typischen Davoser Liegestühlen, wie man sie noch heute auf den Veranden des „Waldhotels Davos" vorfindet.[24]

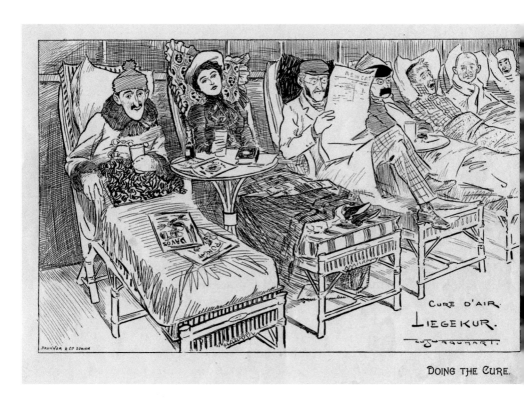

Die obligatorische Liegekur —
skizziert von einem englischen Kurgast

Früherer Verlauf des Wanderweges am Hang hinter dem „Waldsanatorium"

Am Tag nach seiner Ankunft in Davos unternimmt der Romanheld Hans Castorp zusammen mit seinem Vetter Joachim Ziemßen sofort nach dem Frühstück seinen ersten Spaziergang:

> „Das Portal war an der Südostflanke des weißgetünchten Gebäudes gelegen, dessen mittlerer Teil die beiden Flügel um ein Stockwerk überragte und von einem kurzen, mit schieferfarbenem Eisenblech gedeckten Uhrturm gekrönt war. Man berührte den eingezäunten Garten nicht, wenn man das Haus hier verließ, sondern war gleich im Freien, angesichts schräger Bergwiesen, die von vereinzelten, mäßig hohen Fichten und auf den Boden geduckten Krummholzkiefern bestanden waren. **Der Weg, den sie einschlugen — eigentlich war es der einzige, der in Betracht kam, außer der zu Tale abfallenden Fahrstraße —, leitete sie leicht ansteigend nach links an der Rückseite des Sanatoriums vorbei, der Küchen- und Wirtschaftsseite, wo eiserne Abfalltonnen an den Gittern der Kellertreppen standen, lief noch ein gutes Stück in derselben Richtung fort, beschrieb dann ein scharfes Knie und führte steiler nach rechts hin den dünn bewaldeten Hang hinan. Es war ein harter, rötlich gefärbter, noch etwas feuchter Weg, an dessen Saume zuweilen Steinblöcke lagen."** (3. Kapitel: „Neckerei, Viatikum. Unterbrochene Heiterkeit", S. 52, **Tafel 1**)

Für diese Schilderung im 3. Kapitel: „Neckerei, Viatikum. Unterbrochene Heiterkeit" bildet ebenfalls das „Waldsanatorium Prof. Jessen" mit seinem weiteren Umfeld in Davos Platz die Vorlage, wenngleich sich im Roman die Handlung natürlich auf dem gegenüberliegenden nordöstlichen Hang in Davos Dorf abspielt, wo Thomas Mann seine internationale „Berghofgesellschaft" angesiedelt hat. Die bei einem solchen Transfer notwendigen analogen Umänderungen in der Darlegung sind wegen des ähnlichen, teilweise sogar übereinstimmenden Landschaftscharakters beider Berghänge für den Schriftsteller leicht vorzunehmen.

So hat das **Portal** „an der **Südostflanke** des weißgetünchten" »Berghof«-„Gebäudes", aus dem die Vettern nach dem Frühstück treten — wie ein Vergleich der Häuser und Areale des „Internationalen Sanatoriums

Alte Aufnahme des 1911 erbauten „Waldsanatoriums Prof. Jessen" mit dem PORTAL an der NORDWESTFLANKE rechts im Bild

Dr. Philippi" und des „Waldsanatoriums Prof. Jessen" ergibt —, sein Vorbild in dem **Portal** an der **Nordwestflanke** des „Waldsanatoriums" auf der gegenüberliegenden Seite in Davos Platz und nicht — wie der Leser zunächst vermutet — in einem südöstlichen Seiteneingang des „Internationalen Sanatoriums Dr. Philippi". Dessen repräsentativer Eingangsbereich befindet sich im mittleren Teil der prunkvollen Jugendstilfassade, die — südwestlich gewandt — mit ihrem markanten Kuppelturm am Nordosthang in Davos Dorf emporstrebt und gleichermaßen charakteristisch ist für Thomas Manns dort fiktiv errichteten »Berghof«.

Ebenso stellt der **Weg**, den Joachim Ziemßen und Hans Castorp nach links hin — entlang der Rückseite des Sanatoriums — einschlagen, eine Kopie des Weges dar, der an der Küchen- und Wirtschaftsseite des „Waldsanatoriums Prof. Jessen" vorbeiführt, „wo eiserne Abfalltonnen an den Gittern der Kellertreppen standen" (S.52) — ein Bild, das sich in ähnlicher Weise dem Vorübergehenden am „Waldhotel Davos" heute noch bietet.

PORTAL an der NORDWEST-
FLANKE des heutigen „Wald-
hotels Davos", des ehemaligen
Waldsanatoriums Prof. Jessen"
(Aufnahme: Herbst 2007)

WEG an der RÜCKSEITE, dem KÜCHEN- und
WIRTSCHAFTSTRAKT des heutigen „Wald-
hotels Davos", des ehemaligen „Waldsanatoriums
Prof. Jessen"
(Aufnahme: Herbst 2007)

Auch bezüglich des **Wegverlaufes** scheidet das Areal des „Internationalen Sanatoriums Dr. Philippi" als Vorlage eindeutig aus. Zwar befindet sich auf der Rückseite dieses Gebäudes ebenso der Küchen- und Wirtschaftstrakt und stehen „eiserne Abfalltonnen an den Gittern der Kellertreppen", doch führt dort kein Weg zum Berghang vorbei, da eine nur in wenigen Metern Entfernung parallel zum Haus verlaufende massive Felswand teilweise mit dem Sanatorium durch einen Vorbau verbunden ist, wodurch fast völlig abgeschlossene Wirtschafts-Innenhöfe hinter dem Gebäude geschaffen wurden.

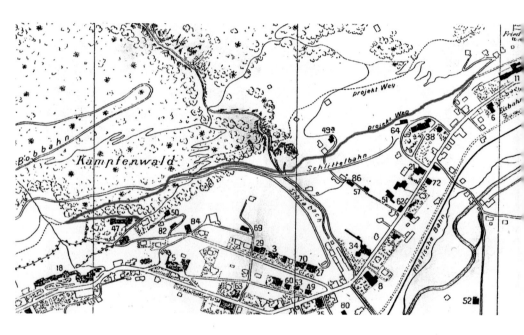

WEG vom NORDWESTPORTAL des ehemaligen „Waldsanatoriums Prof. Jessen" aus nach links entlang dem sog. „unteren projektierten Weg" im „Plan von Davos" vom 08.06.1912

Wie aus dem „Plan von Davos" in den „Davoser Blättern" des Jahres 1912, in dem Thomas Mann in diesem Kurort zu Besuch weilte, hervorgeht, stieg der Weg, der an der Küchen- und Wirtschaftsseite des „Waldsanatoriums Prof. Jessen" vorbeiführte, über die heutige, damals noch nicht existierende „Hohe Promenade" hinaus langsam nach links hin an, bog dann tatsächlich in einem scharfen Knie nach rechts ab und leitete steiler — wie im Roman — einen „dünn bewaldeten" Hang hinan, was auch eine Fotografie der zwanziger Jahre veranschaulicht.

Davos Platz um 1924: Ungefähr im mittleren Bereich des Westhanges: das „Waldsanatorium" und links davon die Waldlichtung mit dem Wanderweg

Diese Fotografie um 1920/1924 besitzt insofern eine gültige Aussage- und Beweiskraft, als Thomas Mann eigens im Winter 1921 (vom 30. Januar bis 2. Februar 1921), also drei Jahre vor der Fertigstellung seines Romans „Der Zauberberg", zu nochmaliger Begutachtung der Stätten seines Werkes nach Davos gereist war.

Verfolgt man den Weg, auf dem der junge Ingenieur Castorp und der Soldat Ziemßen an diesem Morgen marschierten, auf dem „Plan von Davos" von 1912 gemäß der Schilderung Thomas Manns im 3. Kapitel weiter, so gelangt man zu dem Schluss, dass der Schriftsteller den „unteren projektierten Weg", der in längeren Teilabschnitten ungefähr „in Drittelhöhe" fast eben am Westhang Richtung Davos Dorf entlangführte, analog im Roman auf den Nordosthang verlagert hat. Für diese These spricht nicht zuletzt der Tatbestand, dass Thomas Mann und seine Frau Katia[25)] die landschaftliche Kulisse gerade dieses Wanderweges am Westhang fast täglich auf ihren Spaziergängen, die sie vom „Haus am Stein" und vom „Waldsanatorium" aus unternahmen, vor Augen hatten, so dass sie dem Autor sehr vertraut war.

Nordöstlicher Berghang von Davos mit Wanderwegen hinter dem „Sanatorium Valbella" (Aufnahme von 1915 / 1916)

Wie die Fotografie von 1915/1916 beweist, lief auch am Berghang oberhalb des Sanatoriums „Valbella", des ehemaligen „Internationalen Sanatoriums Dr. Philippi", in ungefähr Drittelhöhe ein landschaftlich ähnlich geprägter Wanderweg entlang, dessen Verlauf [26)] in analoger Umkehrung Richtung Davos Platz ausgerichtet war. Der Transfer konnte also ohne Einbuße realistischer Darstellung vom Schriftsteller praktiziert werden.

Dieser sog. „untere projektierte Weg" am Westhang jedoch, auf dem Thomas Mann selbst gewandert ist, existiert heute nicht mehr. In kleineren Teilabschnitten allerdings sind ansatzweise noch Restbestände dieses Pfades zwischendurch zu erkennen. An seiner Stelle verläuft heute die sog. „Hohe Promenade" oberhalb des „Waldhotels Davos" in Richtung Davos Dorf. Dieser Höhenweg, der ungefähr oberhalb der Marienkirche in Davos Platz etwa in Drittelhöhe am Westhang beginnt und fast eben den Hang entlang führt, endet heute im Bereich oberhalb des Arabella-Sheraton-Hotels in Davos Dorf. Die sog. „Hohe Promenade" war im Jahre 1912, als Thomas und Katia Mann in Davos weilten, noch nicht angelegt. Sie wurde erst 1931 ausgebaut und ersetzte nach und nach die kleineren, in dieser Höhe parallel zum Hang ursprünglich verlaufenden Wanderpfade und Wege.

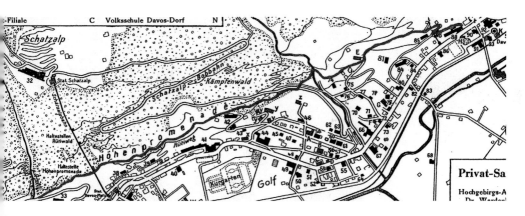

Die 1931 angelegte „Höhenpromenade" am Westhang von Davos

Auffallend zu Beginn von Thomas Manns Schilderung des Weges hinter dem Sanatorium allerdings ist die vom Autor bewusst vorgenommene Akzentuierung des Begriffs „eigentlich", der immer auch eine zweite Möglichkeit impliziert und im Romantext den erläuternden Attributivsatz einleitet.

Stünde in der Darlegung: „Der Weg, den sie einschlugen — es war der einzige, der in Betracht kam, außer der zu Tale abfallenden Fahrstraße —", so wäre ihre Aussage bezüglich der Wahl zwischen lediglich zwei Möglichkeiten als eindeutig zu bezeichnen. Aber Thomas Manns attributiver Vermerk: „ — **eigentlich** war es der einzige, der in Betracht kam, außer der zu Tale abfallenden Fahrstraße —", löst Rätselraten aus und könnte auch in dem Sinne zu verstehen sein, dass es — „außer der zu Tale abfallenden Fahrstraße" — doch nicht der einzige Weg war, „der in Betracht kam."

Diese zweifellos „vage" Formulierung kann als weiterer latenter Hinweis dafür gelten, dass der Schriftsteller bei der Schilderung des ersten Morgenspaziergangs seines Romanhelden in Davos tatsächlich das nordwestliche Eingangsareal vor dem „Waldsanatorium" vor Augen hatte. Denn hier zweigte bereits damals, wie die Karte von 1912 belegt, ein zweiter Wanderweg bergauf ab. Dieser existiert im Gegensatz zu dem im Roman beschriebenen Weg, der lediglich noch im Grundstücksbereich des heutigen „Waldhotels Davos" vorhanden ist, nach wie vor in seiner gesamten Ausdehnung.

Er verläuft in der Verlängerungslinie der vom Tale herkommenden Fahrstraße und leitet — steiler ansteigend als der andere Weg — nach rechts in den Wald hinein.

Dieser schon vor circa hundert Jahren zur Schatzalp führende Bergwanderweg, der das heutige „Waldhotel Davos" (das ehemalige „Waldsanatorium Prof. Jessen") und das heutige „Hotel Schatzalp" (das höchstgelegene ehemalige „Internationale Luxussanatorium Schatzalp") miteinander verbindet, wurde Anfang August 2006 „Thomas-Mann-Weg" „getauft". Denn er verknüpft zwei Stätten, denen im Zusammenhang mit Thomas Manns berühmtem Werk „Der Zauberberg" eine besondere Bedeutung zukommt.

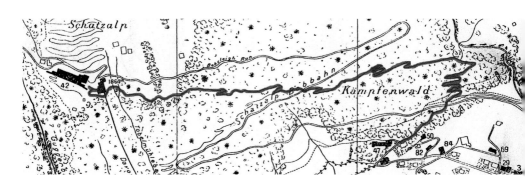

„Plan von Davos" vom 08.06.1912: Bergwanderweg vom „Waldsanatorium Prof. Jessen" zum „Internationalen Sanatorium Schatzalp" (seit August 2006: „Thomas-Mann-Weg")

„DER ZAUBERBERG" —
EIN DEUTUNGSROMAN

Der weltweit bekannt gewordene Roman zeichnet sich durch eine derart faszinierende thematische Vielschichtigkeit und gedankliche Komplexität aus, dass auch seine Klassifizierung sehr breit gefächert ist.

So stellt er einerseits eine Parodie des traditionellen Bildungsromans dar und andererseits erweist er sich als Zeitroman „in doppeltem Sinne"; denn nicht nur „die reine Zeit selbst" ist „sein Gegenstand", sondern auch historisch gesehen signifiziert er sich als Zeitroman, „indem er das innere Bild einer Epoche, der europäischen Vorkriegszeit" des Ersten Weltkrieges, „zu entwerfen sucht."[27] In erster Linie aber muss er als Initiationsroman gesehen werden.

Doch ist er, wie Helmut Koopmann[28] hervorhebt, „nicht als Handlungsroman, sondern als Deutungsroman zu verstehen, also im weitesten Sinne als philosophischer Roman und nicht als Tatsachenbericht." Die Intention des Autors besteht darin, eine „bestimmte Wendung und Wandlung"[29] aufzuzeigen, die zu „besonderen Erkenntnissen" führt, wobei der Leser in den Einsichtsprozess mit einbezogen wird.[zu 29]

ZWEITES KAPITEL

Stationen 2 und 3

Themenkreis: „Zeit"

Tafel 2

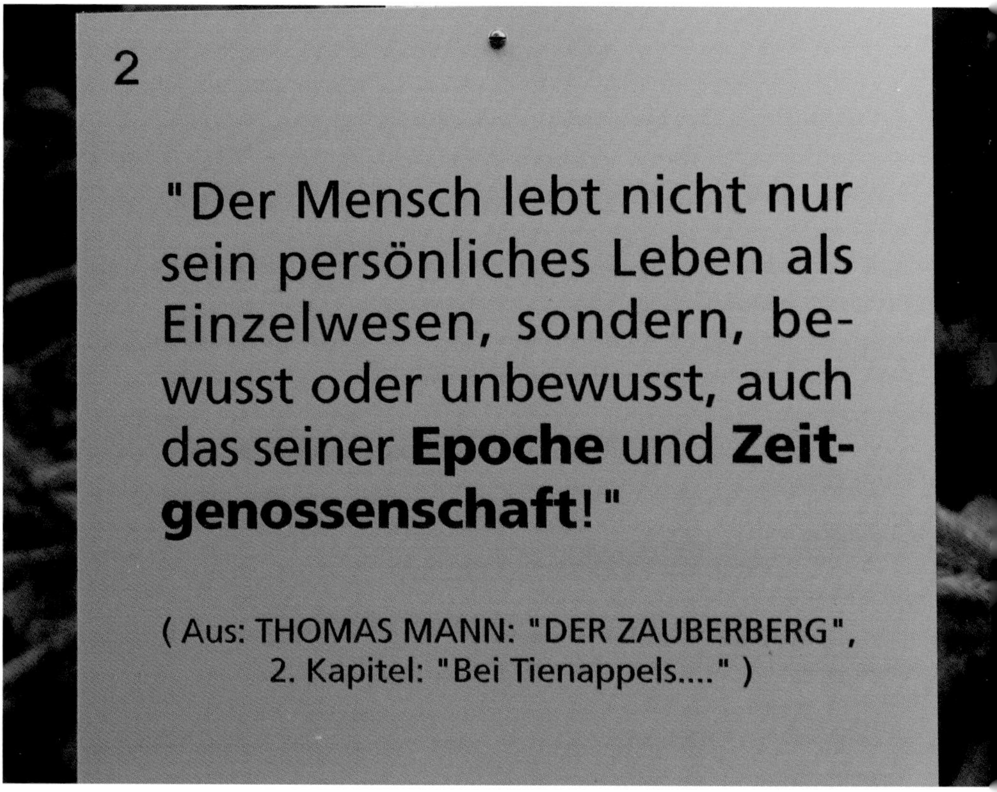

2

"Der Mensch lebt nicht nur sein persönliches Leben als Einzelwesen, sondern, bewusst oder unbewusst, auch das seiner Epoche und Zeitgenossenschaft!"

(Aus: THOMAS MANN: "DER ZAUBERBERG",
2. Kapitel: "Bei Tienappels....")

Station 2: Kreuzung: Hohe Promenade / Thomas-Mann-Weg

„Historische Zeit"

„Der Mensch lebt nicht nur sein persönliches Leben als Einzelwesen, sondern, bewusst oder unbewusst, auch das seiner Epoche und Zeitgenossenschaft!"

(Aus: Thomas Mann: „DER ZAUBERBERG",
2. Kapitel: „Bei Tienappels ....", S. 36)

Im „Zauberberg" zeigt Thomas Mann das Eingebundensein des Einzelnen in eine bestimmte Epoche und seine existentielle Abhängigkeit von den Zeitverhältnissen und Zeitströmungen — auch im Hinblick auf sein privates und persönliches Leben — vorwiegend an Hand der negativen Auswirkungen der Zeitphänomene vor dem Ersten Weltkrieg auf. Doch klingen zwischendurch ebenso zeitgeschichtliche Tendenzen und Ereignisse der Epoche nach dem Ersten Weltkrieg an, was auf die Niederschrift des zweiten Romanabschnittes im Zeitraum von 1919 bis 1924 in der ersten Hälfte der Weimarer Republik zurückzuführen ist.

Hineingeboren in die Epoche des Wilhelminismus mit ihren Superlativen: ihrer nationalen Überheblichkeit, ihrem fast unbeirrbaren Fortschrittsglauben an Technik und Naturwissenschaften und ihrem noch „ungebrochenen Drang zu Expansion, Eroberung und Herrschaft"[30] — und aufgewachsen in einer großbürgerlichen, sehr wohlhabenden Familie — flüchtet der junge Hamburger Patriziersohn und Romanheld Hans Castorp in die abgeschiedene Welt des „Internationalen Sanatoriums Berghof", dessen Patienten — abgesehen von wenigen Ausnahmen, wie z.B. Settembrini — finanziell durchaus in der Lage sind, sich einem Dasein hinzugeben, das sich im „Dienst an der Krankheit erschöpft,"[31] und sich häufig sogar dagegen wehren, im Falle einer Gesundung ins aktive Leben des Flachlandes zurückzukehren. Diese Flucht des Bürgertums „in ästhetizistische Verantwortungs- und Bindungslosigkeit, die das Leben zum unverbindlichen Denkspiel degeneriert"[32], ist nicht nur als latente Opposition gegenüber einer Zeit zu verstehen, die Gesundheit und Leistung auf ihrem Banner trägt, sondern insbesondere auch als Exzess des Vorkriegskapitalismus.

Die Verfassung, in der Hans Castorp auf dem „Zauberberg" seinen siebenjährigen „Bildungsweg" beginnt, ist ihrem Wesen nach „auf den Tod gerichtet"[33].

Seine Eltern starben zwischen seinem fünften und siebten Lebensjahr, seine Mutter an einer Lungenembolie und sein Vater an einer Lungenentzündung. Eineinhalb Jahre später erlag sein Großvater derselben Krankheit. (S. 23)

Über Hans Castorps Existenz entscheiden früh vor allem „die Begegnung mit dem Großvater und der Tod des Großvaters", die ihn der „romantischen Sphäre" zuweisen.[zu 33] „Als dem Großvater im Sarg die Amtstracht der Hamburger Ratsherren mit der spanischen Tellerkrause angelegt wird, findet er in den Augen des kleinen Hans Castorp zu der ihm gemäßen, würdigen Gestalt.[34] Vor seinem Tode hatte er sich — aus Protest gegen den Geist der Neuzeit — geweigert, „Amtstracht und ‚Ehrenkrause' zu tragen. Diese amtlich - würdige Gestalt ist Hans Castorp von einem Gemälde her bekannt."[zu 34] So werden „Geschichte, Kunst und Tod" bei ihm „zum mystisch-romantischen Erlebnis, in dem sich durch Zeitaufhebung und Verfall die Wahrheit und Eigentlichkeit des Lebens als ‚höhere Wirklichkeit' entdecken." In solchem „romantischen Verständnishorizont" verdichten sich „Historismus, Ästhetizismus und Décadence" „in Hans Castorps paradigmatischer Erscheinung im Roman zur romantisch-ästhetizistischen Sympathie mit dem Tode"[zu34], die weitgehend synonym ist mit „Verfall" und „Pathologie".[35]

Auch gibt Hans Castorp ganz offen zu (2. Kap., S. 38), „dass er eigentlich viel mehr die freie Zeit liebe" als die Arbeit, die ihn persönlich „leicht ermüdete". „Angestrengte Arbeit zerrte an seinen Nerven, sie erschöpfte ihn bald" (2. Kap., S. 38). So zieht er es vor, sich der „vita contemplativa" auf dem „Berghof" zu widmen.

Dass sich jedoch Hans Castorp der negativen Auswirkungen des Vorkriegskapitalismus voll bewusst ist, wird in einem Gespräch mit Settembrini im 5. Kapitel deutlich, in dem er seine Leute zu Hause, die nur nach dem Geld fragen, als „hart" und „kalt" bezeichnet, „das heißt grausam" (S. 210).

Aus dieser Bewusstseinshaltung heraus erklären sich auch die spätere Hinwendung Hans Castorps zum Sozialen und seine Aktivitäten im „Berghof" im karitativen Bereich in Form der Krankenbesuche bei Moribunden (S. 313 ff.) und der Fürsorglichkeit um Karen Karstedt, eine auswärtige Privatpatientin des Hofrats (S. 332). Dieses Ausbrechen aus der „vita contemplativa" kann als erster Schritt einer „Wandlung" und einer

Steigerung im Erkenntnisprozess betrachtet werden, den Hans Castorp während seiner Krankheit auf dem „Zauberberg" durchläuft.

Seinen Höhepunkt findet dieser Erkenntnisprozess später in der „Wandlung", die der Romanheld durch das Grenzerlebnis der Todesnähe im Schneesturm und in seiner Traumvision am Ende seines riskanten Ski-abenteuers erfährt, wodurch er eine neue humanitäre Einsicht und positive Lebensbejahung gewinnt und zum Hoffnungsträger einer „neuen Humanität" wird.

Geradezu „um Verkörperungen epochaler Denkweisen und zeitge-schichtlicher Tendenzen"[36)] handelt es sich bei den Protagonisten Ziemßen und Peeperkorn.

Der Vetter Hans Castorps, Joachim Ziemßen, stellt in seiner bloßen „formalen Existenz"[zu 36)] des Soldatentums eine charakteristische Spielart des „Wilhelminismus" dar. Die ihm anerzogene „soldatisch-brave"[zu 36)] Pflichterfüllung des Preußentums hat auf sein Leben verhängnisvolle Auswirkungen und bildet in ihrer krankhaften Prinzipientreue und Gehorsamsleistung die Ursache für einen irreparablen Rückfall seines Leidens und seinen frühen Tod.

In dem Hinscheiden Joachims aber, der sich in den letzten Wochen seiner Krankheit einen „Kriegsbart" wachsen lässt, sieht Heinz Sauereßig eine Anspielung auf den geduldig leidenden Monarchen Kaiser Friedrich III. in Conrad Ferdinand Meyers Novelle „Die Versuchung des Pescara"[36)], dessen „Todesbildnis" Thomas Mann vor Augen gestanden habe.[37)] Der Leutnant Ziemßen verabschiedet sich somit von der Welt durch einen „kaiserlichen" Tod — ein allegorischer Hinweis darauf, dass sich der „Wilhelminismus" als Staatsform überlebt hat.[38)]

Neben Ziemßen verkörpert Mynheer Peeperkorn eine alternative Spielart des „Wilhelminismus".[39)]

Sein imposantes Äußeres veranschaulicht wohl am ehesten den Typus der „Macht". Vom Autor als „ein eigentümlicher, persönlich gewichtiger, wenn auch undeutlicher Mann"(S. 583) paraphrasiert —, steht Peeperkorn in seiner imponierenden Vitalität, wie Thomas Mann in seiner Rede „Von deutscher Republik"[40)] formuliert, für die „imperiale Galaoper"[zu 40)], „für die auf Prunk und ‚Kraftverschwendung' angelegte Weltanschauung des zweiten Kaiserreichs mit seinen antidemokratischen Kulturtraditionen."[zu 40)]

Als Besitzer einer Kaffeeplantage auf Java und Kolonial-Holländer stellt er die Romanfigur dar, die am prägnantesten den Typus des ausgehenden Imperialismus signifiziert. Auch ist er der einzige Patient des „Berghofs", der nicht an einer Tuberkulose leidet, sondern an Malaria, einer Tropenkrankheit, die er sich als europäischer Handelsreisender in Übersee zugezogen hat.

Vom Machtrausch seiner Zeit infiziert, führt er ein dionysisch-ausschweifendes Leben, das schließlich pathologisch in der Angst, „mit dem Gefühl vor dem Leben zu versagen", eskaliert, was seinen Suizid zur Folge hat.

Im zeitgeschichtlichen Sinne kommt ein letztes Aufblühen des wilhelminischen Lebensgefühls vor dem Kriegsausbruch am eindringlichsten in dem Gelage am Wasserfall im Walde des Flüelatals zum Ausdruck. Nach Thomas Manns eigenen Worten ist diese Szene, in der sogar die Natur einen „krankhaften Anblick" (S. 655) bietet, von „endgültiger Symbolik"[zu 40], da die gesamte Beschreibung des Wasserfalls „an die den Roman abschließende Katastrophe"[41] erinnert. Der Hinweis des Autors, „Mynheer wollte angesichts des Falles, im Donner vespern" (S. 656), symbolisiert durch die bewusste Verkürzung des Wortes „Wasserfall" „das Naturereignis sowohl als Untergang im persönlichen als auch im epochalen Sinn", so dass „Peeperkorn unmittelbar nach dem Spaziergang und seiner im Donner ungehört verhallenden Rede"[zu 41] Hand an sich legt und auf diese Weise den Weg freigibt für den Romanhelden Hans Castorp, den historischen Erben einer abgelaufenen Epoche[42] und „Exponenten einer neuen (Staats-) Idee".[zu 41]

Der junge Hoffnungsträger aber wird kurz nach Peeperkorns Tod suggestiv vom krankhaften Verhalten der Berghofgesellschaft infiziert, das sich zuletzt geradezu „alchimistisch" exaltierend zuspitzt und das hektische Hintreiben und Zusteuern der Zeit auf die große Katastrophe, den Ersten Weltkrieg, symbolisiert.

Als die Verbindung von „Eros und Thanatos"[43] nach Madame Chauchats Abreise abbricht, befällt selbst Hans Castorp der „große Stumpfsinn", den Thomas Mann einen „schlimmen apokalyptischen Namen" (S. 671) nennt, „ganz danach angetan, geheime Beängstigung einzuflößen" (S. 671), einen „Dämon, dessen zügelloser Herrschaft für" Hans Castorps „Gefühl ein Ende mit Schrecken bevorstand" (S. 671), ein „schrecklicher Jüngster Tag" bereitet würde. „Er hatte Lust zu fliehen!" (S. 671)

Dieser „Fluchtgedanke" (S. 664) Castorps aber, der im Abschnitt „Der große Stumpfsinn" mehrmals erwähnt wird, ist doppeldeutig. Er erfordert nicht nur, da die Gefahr eines verfrühten Abbrechens der medizinischen Behandlung besteht, Behrens' Eingreifen, bevor der „missvergnügte Staatsbürger das Gift der Reichsverdrossenheit verbreitet" — wie der Hofrat vielsagend betont — , sondern er muss auch als Castorps Liebäugeln mit einer Flucht vor seiner Bestimmung verstanden werden.

Auf diesen Gemütszustand, seine innere Unruhe und Angst weist ebenso sein orakelhaftes Patiencelegen (S. 669/670) hin — von der sinnlosen Spielsucht der anderen mitgerissen — , woraus ihn nicht einmal Settembrinis Nachricht über den Balkanbund und die gespannte Weltlage (S. 670) aufschrecken kann; denn die Sorge um seine persönliche Zukunft lässt sich im „Schlafwandlertum", in einer Art „Trancezustand" leichter ertragen.

Dass sich der Romanheld jedoch seiner Bestimmung weiterhin bewusst bleibt, geht aus dem Musikkapitel (7. Kapitel) hervor.

Fern dieser Musestunden allerdings, — in dem täglichen Miteinander und der Begegnung mit den anderen Patienten des Berghofs — , gerät der Romanheld unwillkürlich wieder in den Sog des allgemeinen „Siebenschläfertums" (S. 752) und ebenso pathologischer Verhaltensweisen, deren Exzesse sogar immer bedenklicher werden.

Die „fragwürdige" Beschäftigung mit dem Okkulten symbolisiert — als Ausdruck des „Krankhaft-Widersinnigen"[44], der „inneren Hoffnungslosigkeit, Abgeschmacktheit" (S. 705), „Unverständlichkeit und menschlichen Würdelosigkeit"(S. 696)— die gefährliche Zuspitzung des Europakonfliktes zur Katastrophe hin in all ihren Ungereimtheiten.

Auf die damals im Reich vorherrschende „innere Bereitschaft zum Krieg"[45] wird im Abschnitt „Die große Gereiztheit" verwiesen, in dem Neurosen, Hysterie und psychische Entgleisungen in Form von „Zanksucht" und „namenloser Ungeduld" bis hin zu gehässig-„giftigem Wortwechsel", „Wutausbrüchen" und sogar „Handgemengen" (S. 722) die Atmosphäre auf dem „Zauberberg" prägen. Vor allem die Auseinandersetzung zwischen Wiedemann und Sonnenschein (S. 724), der Ehrenhandel der Polen (S. 725 - 729) und das Pistolenduell zwischen Naphta und Settembrini (S. 745 - 746) haben sinnbildlichen Charakter und kommen einer Aufforderung zu Kampf und Bewaffnung gleich.

Die Steigerung auf den „Donnerschlag", die große Katastrophe, hin verdichtet sich somit in den letzten Abschnitten nach der Traumvision des Schneeabenteuers in evidenter Weise besonders durch den Tod

Ziemßens, Mynheer Peeperkorns und Naphtas, durch die auffallende Akkumulation und Eskalation krankhafter Symptome unter den Patienten und das mysteriöse, „trancezustandhafte" Hin- und Hergerissensein Hans Castorps zwischen offenkundiger Sympathie mit der Krankheit und verborgener ahnungsvoller Bestimmung, die ihm eindeutig erst wieder bei der Nachricht vom Kriegsausbruch zu Bewusstsein kommt und für die er — unsanft wachgerüttelt — den Beschluss fasst, sich endlich aktiv einzusetzen.

Das innere Bild der Vorkriegsepoche entwickelt Thomas Mann in seinem Roman „Der Zauberberg" an Hand der Handlungs- und Verhaltensweisen der Patienten des „Internationalen Sanatoriums Berghof" und der dort vorherrschenden Atmosphäre.

Hingegen kommen die politischen Auffassungen und Staatsideen der beiden Konkurrenten Settembrini und Naphta, die das Staatensystem Europas nach dem Ersten Weltkrieg — wenngleich nicht in kongruenter Form, so doch zumindest in einzelnen Grundstrukturen — widerspiegeln, im Roman nur auf der fiktionalen Ebene der Disputation zum Ausdruck. Beide „Repräsentanten epochaler Tendenzen der Nachkriegszeit" wohnen — abgesehen von Settembrinis kurzem anfänglichem „Gastspiel" in der Klinik — auch nicht im Luxussanatorium, sondern in einem kleinen Haus bei dem Damenschneider Lukaçek in Davos Dorf und wirken so von außen auf die Vorkriegsgesellschaft des „Berghofs" durch ihre politisch-ideologischen und philosophischen Kontroversen ein, für deren „große Konfusion" allein Hans Castorp zugänglich und aufnahmebereit ist — allerdings unter Vorbehalt und auf kritische Distanz gehend.

Settembrini existiert also wie Naphta „nur abstrakt"[46] und leidet deshalb wie sein Gegner an der „Ohnmacht der Praxisferne"[47], „bestimmt von der unerfüllten Sehnsucht nach Leben"[zu 47]. Beiden Philosophen bleibt „jede Möglichkeit verschlossen, auf die Welt handelnd und gestaltend einzuwirken."[48]

Naphta — Jesuit, polnischer Jude und Kommunist[49]—steht, wie Scholdt und Walter[50] herausstellen, „mit seinem Hang zu Terror, Chaos, Folter und mystischem Kollektivismus für ein politisch reaktionäres Obskurantentum".[zu 50] Als Symptom dieses obskuranten Konservatismus ist sein „Wille zur Synthese von mittelalterlich-katholischer Universalherrschaft und Kommunismus"[51] zu werten. Doch kann Naphta nicht als „reiner Repräsentant"[52] des Kommunismus gesehen werden. Wie Jendreiek[53] ausführt, war für Thomas Mann das „historische Beispiel für den in Naphta angelegten Terror des politischen Utopismus" „in der Zeit seiner Arbeit am zweiten Teil des Romans der Faschismus, wie er sich in Italien politisch zu etablieren begann."[zu 53)] Seine „auch Terror und Diktatur rechtfertigende Entschlossenheit zur Herrschaft ist kein Akt humaner Lebensfreundlichkeit."[54)] Er will die „Unterwerfung des Lebens und ist durch diese Bestimmtheit Repräsentant der Sphäre des Todes."[zu 54)]

Diese Lebensfeindlichkeit und menschliche Verhärtung Naphtas können zum einen ihre Ursache in den kultischen Erfahrungen haben, die sein Vater, ein galizischer Jude, ihm vermittelte. Vom Rabbiner bevollmächtigt, schächtet der Vater nach dem Gesetz des Talmud schlachtbares Vieh. „Aus der kultischen Bedeutung der Handlung" bildet sich für das Kind Naphta die Vorstellung der Identität von „Mitleidlosigkeit" und „Frömmigkeit", „Grausamkeit" und „heiliger Geistigkeit".[55)]

Weiterhin tragen wohl Zeitverhältnisse und damit verbundene leidvolle Kindheitserlebnisse — wie seine Wehrlosigkeit gegenüber dem Antisemitismus und den Judenverfolgungen seiner Zeit in Polen — zu der Entwicklung seiner Boshaftigkeit, schneidenden Schärfe und Verbitterung bei: „Den Vater Naphtas, der als Mann des Geistes geschildert wird, hat man während eines Pogroms an der Tür seines brennenden Hauses gekreuzigt, die Mutter war seit seiner frühen Kindheit von tödlicher Krankheit gezeichnet".[56)]

Seine symbolische Zuordnung zur Sphäre des Todes ist somit bereits durch sein Elternhaus und seine zeitgeschichtlichen Kindheitserlebnisse determiniert.[zu 56)]

In dem Symbolgeflecht des Romans werden die Augen seines Vaters als blau beschrieben, sie haben einen „Sternenschein"[57)]. So ist Naphta „in die durch die Farbe Blau bezeichnete Motivreihe"[zu 57)] einzuordnen, zu der Hans Castorp, Clawdia Chauchat, Pribislav Hippe, Behrens und fast alle Kranken der „Zauberberg" - Welt gehören.

„Die durch die Blau - Symbolik angezeigte romantische Sehnsucht nach Universalität" aber wendet sich in Naphta in einen „weltumfassenden diktatorischen Herrschaftsanspruch, der sich in seiner Lebensfeindlichkeit als Phänomen des Todes zu erkennen gibt"[58)], aus dem zu entrinnen, er nicht die Kraft und wohl auch nicht den Willen hat.

Allerdings ist Naphta nicht nur durch eine psychische Krüppelhaftigkeit, der jegliche menschliche Wärme fehlt, gezeichnet; er hat ebenso die Tuberkulose seiner Mutter geerbt. Doch geht er nicht an seiner organischen Krankheit zugrunde, „sondern richtet sich im Duell mit Settembrini selbst."«zu 58)

Dass sein Suizid jedoch kurz vor Ausbruch des Ersten Weltkriegs erfolgt, kann als Beleg dafür gelten, dass im „Zauberberg" die „allgemeine ästhetisch-philosophische Aussage" der „zeitbezogenen politischen Stellungnahme" übergeordnet ist. Die ästhetisch-philosophische Zielsetzung des Werkes aber besteht in der „Proklamation der universalen Humanität".[59] Folglich hat Naphta als Exponent der geschichtlichen Tendenzen zu Terror und totalem Staat gar keine andere Wahl, als seinem Leben zuletzt selbst ein Ende zu setzen.

Als Exponent der „Prinzipien demokratisch-liberaler Kultur und Politik" hingegen gilt der italienische Humanist Settembrini[60], der selbst ernannte Pädagoge Castorps, — ein Freigeist und Freimaurer, der die „bürgerliche Weltrepublik" (S. 166) propagiert und somit in Opposition zu den in Europa vorherrschenden Machtstrukturen seiner Zeit steht.

Er ist allerdings einseitigen Fixierungen verfallen und huldigt, — obwohl er sich grundsätzlich gegen den Krieg ausspricht — , mit seinem „kriegerisch gestimmten Nationalismus, der die eigene Position verabsolutiert und keine Alternative toleriert"[61], durchaus auch einer charakteristischen Zeitströmung des Vorkriegseuropas. Sein passioniertes Eintreten für die „Brennergrenze" muss als geradezu krankhafter Fanatismus bezeichnet werden.

Ebenso weist Settembrinis Fortschrittsgläubigkeit, — mit der er sich gleichfalls in Übereinstimmung mit seiner Zeit befindet — , im Hinblick auf die von ihm vertretene „Gesundheitsideologie", auf die später noch (Tafel 7) eingegangen wird, pathologischen Charakter auf.

Auch seine persönliche Abneigung vor allem den russischen Patienten des „Berghofs" gegenüber liegt in des „Zivilisationsliteraten" blinder liberalistischer Fortschrittsgläubigkeit begründet, die Thomas Mann in den „Betrachtungen eines Unpolitischen" selbst heftig kritisiert. Der Humanist vertritt im Roman eine radikale Fortschrittsideologie mit dem Anspruch auf Weltherrschaft.[62]

> „Nach Settembrinis Anordnung und Darstellung lagen zwei Prinzipien im Kampf um die Welt: die Macht und das Recht, die Tyrannei und die Freiheit, der Aberglaube und das Wissen, das Prinzip des Beharrens und dasjenige der gärenden Bewegung, des Fortschritts. Man konnte das eine das asiatische Prinzip, das andere das europäische nennen, denn Europa war das Land der Rebellion, der Kritik und der umgestal-

tenden Tätigkeit, während der östliche Erdteil die Unbeweglichkeit, die untätige Ruhe verkörperte." (S. 166)

Für Settembrini besteht „gar kein Zweifel, welcher der beiden Mächte" in diesem West-Ost-Antagonismus „endlich der Sieg zufallen würde, — es war die der Aufklärung, der vernunftgemäßen Vervollkommnung." (S. 166)

Mit seinem Hass auf das Asiatentum und seiner Verachtung desselben steht Settembrini sogar mit dem „Humanistengott" Goethe in Einklang, von dem Thomas Mann in seinem Essay „Goethe und Tolstoi"[63] schreibt, „dass die Humanität des Dichters der ‚Iphigenie' mit der Humanität, deren Form die Zivilisation ist, mehr sympathisiert als mit der weichen, wilden Menschlichkeit Asiens."[zu 63]

Der „Zauberberg" legt in seiner eindeutigen Sympathiebekundung für das Asiatentum Zeugnis davon ab, dass für Thomas Mann Goethes „Maß und Norm" in seiner Einschätzung der „östlichen Kulturwelt" nicht mehr gültig sind.

Settembrini aber ist in seiner Aversion gegenüber der Welt „der Parther und Skythen" (S.242) —- wie er sie abwertend bezeichnet — selbst Opfer einseitiger Fixierungen, vor welchen er — und darin liegt die Ironie des Romans — Castorp ständig warnt.[64]

Seiner radikalen Fortschrittsgläubigkeit jedoch mit ihren pathologischen Exzessen stellen sich im Roman vor allem zwei Hauptfiguren entgegen:

Zum einen leistet ihm natürlich Naphta, ein Feind jeglichen Fortschritts — denn Fortschritt setzt der jüdische Jesuit sogar mit Nihilismus gleich[65] — in heftigen Disputen Widerstand.

Zum anderen aber reagiert Madame Chauchat, die reizvolle und liebenswürdige Russin, auf Settembrinis Antipathie gegenüber dem Asiatentum ihrerseits mit Hass, gleichsam als ob sie seine eindringliche Warnung Castorps vor ihr mit eigenen Ohren vernommen hätte:

> „Halten Sie auf sich! Seien Sie stolz und verlieren Sie sich nicht an das Fremde! Meiden Sie diesen Sumpf, dies Eiland der Kirke, auf dem ungestraft zu hausen Sie nicht Odysseus genug sind!" (S. 262)

Doch Hans Castorp bleibt seiner vom Autor bestimmten Position „innerhalb des europäisch-menschlichen Erziehungsprozesses"[66] treu: „Er ist nach Thomas Manns Willen die Existenz zwischen dem Westen mit seinem tageshellen Zivilisationshumanismus", den Settembrini verkörpert, „und dem asiatischen Osten mit seiner ‚nächtigen' ‚romantizistischen Todesmystik'", den Clawdia widerspiegelt,[zu 66] — ein Mann der Mitte also.

Durch ihre symbolische Zuordnung zur Sphäre des Todes aber gliedert auch Madame Chauchat sich „in die durch die Farbe Blau bezeichnete Motivreihe"[67] des Romans ein.

Ihre Krankheit jedoch — so urteilt Settembrini — sei „moralischer Natur" und „mit ihr ein und dasselbe" (S. 242) und nicht „Ursache oder Folge ihrer Lässigkeit" (S. 242), sondern „eine Form der Liederlichkeit" (S. 241), womit er wiederum die „Welt der Parther und Skythen" attackiert.

Dass die Russin unter solchen Aversionen und latenten Anfeindungen leidet, kommt verschlüsselt im zweiten Mynheer - Peeperkorn - Abschnitt in Clawdias Bekenntnis gegenüber Hans Castorp zum Ausdruck:

> „Mir ist oft bange….. Ich fürchte mich manchmal vor dem Alleinsein mit ihm, dem innerlichen Alleinsein, tu sais…..Er ist beängstigend….Ich fürchte zuweilen, es möchte nicht gut ausgehen mit ihm…..Es graut mir zuweilen….Ich wüsste gern einen guten Menschen an meiner Seite …Enfin, wenn du es hören willst, ich bin vielleicht deshalb mit ihm hierhergekommen." (S. 633)

Diese Worte weisen nicht nur ahnungsvoll auf Mynheer Peeperkorns Suizid hin, sie lassen auch erkennen, dass Madame Chauchat von der Angst erfüllt ist, alleingelassen zu werden. Sie hat Angst vor einer Isolation — ein Symptom, das sensible Menschen der östlichen Welt, wie Madame Chauchat, wegen der so offenkundig demonstrierten zivilisatorischen Überlegenheit des Westens schon in der Vorkriegszeit in internationaler Gesellschaft befallen konnte, das jedoch im Hinblick auf die Entstehungsphase dieses Romanabschnittes und ihren zeitgeschichtlichen Hintergrund als Anspielung Thomas Manns auf die Nachkriegsepoche— die Isolierung der Sowjetunion durch die Westmächte bis zum deutsch-russischen Rapallo-Vertrag 1922 — verstanden werden muss.

Der Romanheld ist dazu ausersehen, in dem West - Ost - Antagonismus das versöhnende Element zu bilden, verbindend und humanitär zu wirken. Diese Bestimmung Castorps aber erfährt wesentliche Impulse durch Clawdias Krankheit, die sie — so empfindet es Castorp — „genial macht" (S. 629). Wie Scholdt und Walter [68] hervorheben, „scheint" Madame Chauchat—„gleichermaßen liiert mit Peeperkorn und Castorp"— „diejenige zu sein, die dem Repräsentanten der alten und neuen Epoche jeweils die Aura verlieh und verleiht. Sie verkörpert das ‚mähnschlich'- erotische Prinzip, das einer bestimmten Idee zum Leben verhilft."zu 68)

Alle drei Personen also, die im Roman mit zeitgeschichtlichen Problemen vorwiegend der Nachkriegsepoche zu kämpfen haben, wirken stimulierend auf Castorp ein: einerseits Settembrini und Naphta durch ihre Disputationen — selbst wenn der Romanheld sie oft als „große Konfusion" empfindet — , vor allem aber der Literat Settembrini mit seiner „Proklamation einer universalen Humanität" und seinem „Eintreten für die Republik" — und andererseits und insbesondere die bezaubernde Russin, Clawdia Chauchat, durch die der romantisch - mystische Bannkreis, in den ihn die „Kirgisenaugen" (S. 155) seines Schulkameraden Pribislav Hippe während seiner Gymnasialzeit gezogen haben, auf dem „Berghof" in einem „abenteuerlich" - erotischen kulminiert, was ihn in seiner Bestimmung als „Hoffnungsträger einer neuen Humanität" entscheidend motiviert.

Vom Areal von Station 3 aus: Blick auf das ehemalige „Internationale Sanatorium Dr. Philippi", die spätere „Höhenklinik Valbella" (Umbauten 1955 und 1970; seit 2005 nicht mehr in Betrieb!) Aufnahme: August 2008

ÜBERLEITUNG

Wenngleich Thomas Mann in der Princeton Doppellecture vom 2./3. Mai 1940 betont[69], dass er in seinem Roman »Der Zauberberg« „das innere Bild einer Epoche, der europäischen Vorkriegszeit"[zu 69] vor dem Ersten Weltkrieg „zu entwerfen suche", indem er die „Berghofgesellschaft" sozialkritisch analysiere und charakterisiere, so gestaltete er im eigentlichen Sinne sein Werk dennoch nicht zu einem zeitgeschichtlichen Gesellschaftsroman.

An Julius Bab, der eine kritische Besprechung des Romans vorgelegt hatte, schreibt Thomas Mann am 23. 04. 1925[70]:

> „Dass das Soziale meine schwache Seite ist—- ich bin mir dessen voll bewusst und weiß auch, dass ich mich damit in einem gewissen Widerspruch zu meiner Kunstform selbst, dem Roman, befinde, der das Soziale fordert und mit sich bringt. Aber der Reiz — ich drücke es ganz frivol aus — des Individuellen, Metaphysischen ist für mich nun einmal unvergleichlich größer. Sicher, Roman, das heißt Gesellschaftsroman, und ein solcher ist der »Zauberberg« bis zu einem Grade ja auch ganz von selbst geworden. Einige Kritik des vorkriegerischen Kapitalismus läuft mit unter. Aber freilich, das »andere«, das Sinngeflecht von Leben und Tod, die Musik, war mir viel, viel wichtiger." (Br. I. 238) [zu 70]

Es geht im »Zauberberg« also in erster Linie um das „Sinngeflecht von Leben und Tod"[zu 70] und seine enge Verknüpfung mit der Musik, um Metaphysik, Philosophie und Staatsphilosophie.

Untrennbar verbunden mit dem „Sinngeflecht von Leben und Tod" aber sind „Liebe und Leid", „Raum und Zeit". Empirische und philosophische Erkenntnisse in diesen Bereichen zeigt der Roman dem Leser auf: durch die Wandlungen, die der Romanheld erfährt; die Disputationen zwischen Settembrini und Naphta und die Reflexionen des Autors selbst, bzw. seines Protagonisten Hans Castorp.

In der Darlegung dieser Themenkreise aber findet Nietzsches „Perspektivismus"[71], dessen Sicht- und Betrachtungsweise durch Vielschichtigkeit gekennzeichnet ist, seinen Niederschlag.

Themenkreis: „Zeit"

Tafel 3

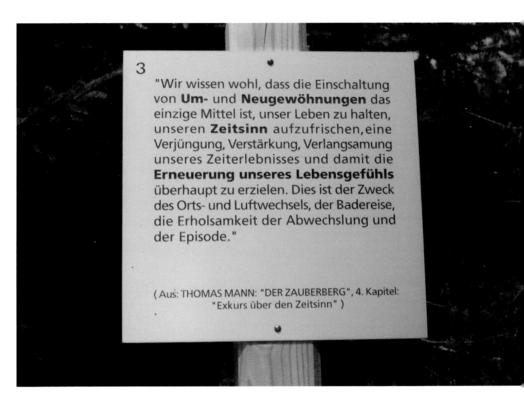

3

"Wir wissen wohl, dass die Einschaltung von **Um-** und **Neugewöhnungen** das einzige Mittel ist, unser Leben zu halten, unseren **Zeitsinn** aufzufrischen, eine Verjüngung, Verstärkung, Verlangsamung unseres Zeiterlebnisses und damit die **Erneuerung unseres Lebensgefühls** überhaupt zu erzielen. Dies ist der Zweck des Orts- und Luftwechsels, der Badereise, die Erholsamkeit der Abwechslung und der Episode."

(Aus: THOMAS MANN: "DER ZAUBERBERG", 4. Kapitel: "Exkurs über den Zeitsinn")

Station 3: nahe dem Picknickplatz mit der Feuerstelle unweit des Schiabaches

„Reine Zeit"

„Wir wissen wohl, dass die Einschaltung von Um- und Neugewöhnungen das einzige Mittel ist, unser Leben zu halten, unseren Zeitsinn aufzufrischen, eine Verjüngung, Verstärkung, Verlangsamung unseres Zeiterlebnisses und damit die Erneuerung unseres Lebensgefühls überhaupt zu erzielen. Dies ist der Zweck des Orts- und Luftwechsels, der Badereise, die Erholsamkeit der Abwechslung und der Episode."

(Aus: Thomas Mann: „DER ZAUBERBERG",
4. Kapitel: „Exkurs über den Zeitsinn", S.111)

Thomas Mann schaltet am vierten Tag nach Hans Castorps Ankunft auf dem „Zauberberg" während der zweistündigen Liegekur am frühen Nachmittag einen „Exkurs über den Zeitsinn" (4. Kapitel, S. 108 - 112) ein, um dem Leser — gleichsam von einer höheren Sicht aus: unter dem Aspekt des subjektiven „Zeitempfindens", bzw. des allgemeinen „Zeitgefühls" — reflektierend die Augen zu öffnen sowohl über Hans Castorps neue Situation als Hospitant „hier oben" im „Berghof" als auch über kurios dünkende Reaktionen und Verhaltensweisen des Neuankömmlings gleich zu Beginn seines Besuchs in einer noch fremden, aber ihn bereits unbewusst suggerierenden Umgebung.

Diesen Abschnitt im 4. Kapitel verfasste der Schriftsteller vermutlich — wie Hans Wysling und Erkme Joseph herausstellen — in Anlehnung an ein Goethezitat aus „Wilhelm Meisters Wanderjahren", das er sich in seiner Goetheausgabe angestrichen und 1916 in seinem Notizbuch mit Blick auf den „Zauberberg" festgehalten hat[72] :

> „Der größte Respekt wird allen eingeprägt für die Zeit, als für die höchste Gabe Gottes und der Natur und die aufmerksamste Begleiterin des Daseins."[zu 72]

Im Hinblick auf die Thematik von „Raum und Zeit" schreibt Thomas Mann in seinem Exkurs im 4. Kapitel:

> „Im Grunde hat es eine merkwürdige Bewandtnis mit diesem **Sicheinleben an fremdem Orte**,...........Man schaltet dergleichen als Unter-

brechung und Zwischenspiel in den Hauptzusammenhang des Lebens ein, und zwar zum Zweck der »Erholung« ....des Organismus, welcher Gefahr lief....., zu erschlaffen und abzustumpfen .... Worauf **beruht** dann aber diese **Erschlaffung und Abstumpfung** bei zu langer nicht aufgehobener Regel? Es ist nicht so sehr körperlich-geistige Ermüdung und Abnutzung durch die Anforderungen des Lebens.........; es ist vielmehr etwas Seelisches, **es ist das Erlebnis der Zeit**, — welches bei ununterbrochenem Gleichmaß abhanden zu kommen droht und **mit dem Lebensgefühle** selbst so **nahe verwandt** und verbunden ist, dass das eine nicht geschwächt werden kann, ohne dass auch das andere eine kümmerliche Beeinträchtigung erführe.“ (S. 110)

So kommen der Schriftsteller und mit ihm der Romanheld Hans Castorp zu der weithin verbreiteten Einsicht:

„Wir wissen wohl, dass die Einschaltung von **Um-** und **Neugewöhnungen** das einzige Mittel ist, unser Leben zu halten, unseren **Zeitsinn** aufzufrischen, eine Verjüngung, Verstärkung, Verlangsamung unseres Zeiterlebnisses und damit die **Erneuerung unseres Lebensgefühls** überhaupt zu erzielen. Dies ist der Zweck des Orts- und Luftwechsels, der Badereise, die Erholsamkeit der Abwechslung und der Episode.“

(Aus: Thomas Mann: „DER ZAUBERBERG“, 4. Kapitel: „Exkurs über den Zeitsinn“, S. 111; **Tafel 3**)

Auch folgender Gedankengang in Hans Castorps, bzw. Thomas Manns Meditation über die „Zeit“ im 4. Kapitel stellt einen positiven Aspekt im Sinne Goethes[73)] heraus:

„Ein reicher und interessanter Gehalt [ist] wohl imstande, die Stunde und selbst noch den Tag zu verkürzen und zu beschwingen, ins Große gerechnet jedoch verleiht er dem Zeitgange Breite, Gewicht und Solidität.“ (S. 110)

Diese Auffassung vertritt ebenso Nietzsche.[zu 73)] Er hält dafür einen knappen Aphorismus bereit:

„**Die Länge des Tages.** —Wenn man viel hineinzustecken hat, so hat ein Tag hundert Taschen.“ [zu 74)]

In Thomas Manns, bzw. Hans Castorps „Exkurs über den Zeitsinn“ zu Beginn des 4. Kapitels erweist sich die „Zeit“ durchaus noch als „aktives“

und „lebensvolles" Element. Der Romanheld ist zu diesem Zeitpunkt nach wie vor fest entschlossen, nach dreiwöchigem Krankenbesuch bei seinem Vetter Joachim wieder nach Hamburg ins Flachland zurückzukehren. Er hat sich noch keineswegs „hier oben" eingelebt und „eingewöhnt".

Dennoch setzt eigenartigerweise vom zweiten Tag an bei Hans Castorp bereits eine gewisse „Passivität der Zeit gegenüber" ein, was allein Settembrini als keimendes krankhaftes Symptom („da Sie sich körperlich und, wenn mich nicht alles täuscht, auch seelisch nicht wohl bei uns befinden." S. 92)[74] deutet, weshalb er dem Ingenieur sofort zur Abreise rät. Der Romanheld muss paradoxerweise gleich zu Beginn seines Hospitantendaseins dem italienischen Literaten die Antwort auf seine Frage: „Wie alt sind Sie eigentlich?" schuldig bleiben: „Aber siehe da. Hans Castorp wusste es nicht." (S. 91)

Auch Nietzsche, der lange Abschnitte seines Lebens in Einsamkeit verbrachte, war dieses Gefühl der zeitlichen Orientierungslosigkeit nicht fremd. Anfang Juli 1883 schreibt er an seine Schwester: „Ich habe nicht die geringste Ahnung mehr, ob es Juni oder Juli ist: so leben Philosophen — ohne Zeit."[75] Und am 14. 12. 1887 vermerkt er: „Wie alt ich eigentlich schon bin? Ich weiß es nicht."[zu 75]

Parallelen zu Nietzsche finden sich weiterhin in der „Verwirrung", welche die Hochgebirgs-Wetter-Kapriolen auslösen, die das Zeitgefühl des Romanhelden bereits am dritten Tag nach seiner Ankunft in Davos völlig durcheinanderbringen, weshalb er seinen Vetter Joachim Ziemßen mit bitterer Ironie fragt, ob jetzt „der Sommer zu Ende" sei (S. 99 / 100).[76] Entsprechende Schlüsse zieht Nietzsche im Juli 1879 in St. Moritz in einem Brief: „Der Sommer ist eigentlich vorbei [...], ganz verregnet und verschneit. Der Schnee hängt noch tief ins Thal."[77]

Leitmotivisch klingt also die „große Konfusion", die im Roman eine konstante Steigerung bis hin zur unheilvollen Katastrophe, dem Ausbruch des Ersten Weltkrieges , erfährt, in sämtlichen wichtigen Themenkreisen des „Zauberbergs" an — gleichermaßen in Thomas Manns Reflexionen über die „reine Zeit", bzw. in zeitthematisch geprägten epischen Abläufen , wie in den philosophischen Disputationen zwischen Settembrini und Naphta.

Und wiederum analog zu verschiedenen Aufzeichnungen Nietzsches tritt dieses Motiv der Verwirrung durch klimatische Kapriolen, das Hans Castorps siebenjährigen Aufenthalt im „Berghof"[78]einleitet, erneut im letzten Kapitel im Abschnitt „Strandspaziergang" in den Betrachtungen des Autors über die „Zeit" auf.

Die „große Konfusion" war es, „welche die Jahreszeiten vermengte, sie durcheinanderwarf, das Jahr seiner Gliederung beraubte." (S. 573) Und Thomas Mann gelangt zu dem Resumée:

> „Was eigentlich vermengt und vermischt wurde bei dieser großen Konfusion, das waren die Gefühlsbegriffe oder die Bewusstseinslagen des »Noch« und des »Schon wieder«, — eines der verwirrendsten, vertracktesten und verhextesten Erlebnisse überhaupt." (S. 573)

Die gleichen Klagen finden sich gehäuft in Nietzsches Briefen[79], — so am 2. September 1881 in Sils-Maria: „Draußen tiefer Schnee-Winter, oder Stürme, Gewitter, Regentage, alles wild durcheinander."[zu 79] Auch der Juni 1888 gibt Nietzsche wieder Anlass zu Beschwerden über die „absurde Unordnung des Climas",[zu 79] die das Zeitgefühl verwirrt.

Kennzeichnend für die Behandlung des Grundthemas „Zeit" in Thomas Manns Werk: „Der Zauberberg" sind demnach zwei von Anfang an vorherrschende „verschiedene Formen des Zeitverständnisses"[80], die im Roman „gestaltet und diskutiert"[zu 80] werden.

Zum einen — und diese Sichtweise ist dem Protagonisten Hans Castorp nicht fremd und wird ihm fast zum Verhängnis! — kann man die Zeit „kreisförmig" verstehen.[zu 80] Im Sinne der These der Kreisstruktur und der „Kreismorphologie" der Zeit und ihres Ablaufs muss „Zeit" als »Ruhe und Stillstand«[81] (S. 365) gesehen werden, „wiederholt sich das Damals beständig im Jetzt"[zu 80], sind „Zeit und Raum als ewig und unendlich zu »denken«."[zu 81] (S. 365)

Wie Erkme Joseph in seinem Buch: „Nietzsche im Zauberberg" herausstellt[82], ist das Element „Zeit" unter dem Aspekt des »nunc stans« im Sinne Schopenhauers metaphysisch zu verstehen.[zu 82]

In diesem Zusammenhang wirft Thomas Mann im 6. Kapitel im Abschnitt „Veränderungen" die Frage auf:

> „Bedeutet aber nicht die Statuierung des Ewigen und Unendlichen die logisch-rechnerische Vernichtung alles Begrenzten und Endlichen, seine verhältnismäßige Reduzierung auf Null?" (S. 365)

Der Autor und Hans Castorp geraten also in ihren Reflexionen über das Unendliche und das »nunc stans«, das »stehende Jetzt«, — wie Thomas Mann es formuliert (S. 576) — , an ‚die Grenze des Nichts‘, zur „Reduzierung auf Null“ (S. 365). Schopenhauers Metaphysik mündet somit im Roman im Hinblick auf die These der Kreismorphologie des zeitlichen Ablaufs in den Nihilismus.[zu 82)]

Die andere Sichtweise des Elements „Zeit“ jedoch ist gekennzeichnet durch Aktivität und Zielstrebigkeit[zu 82)]: die Ausrichtung auf ein bestimmtes Ziel hin.

So weist Thomas Mann im 6. Kapitel im Abschnitt „Veränderungen“ auch auf folgendes Kriterium der „Zeit“ hin:

> „Die Zeit ist tätig, sie hat verbale Beschaffenheit, sie »zeitigt«. Was zeitigt sie denn? Veränderung!“ (S. 365)

Die „Umwandlung“ aber ist das zentrale Thema und die wichtigste Intention des Romans. Die „Zeit“ leistet hierzu einen ganz entscheidenden Beitrag! Der Autor[83)] jedoch muss die Aufgabe übernehmen, das tadelnswerte Zeitverhalten seines Romanhelden, das „sittliches Empfinden“ vermissen lässt, heftig zu kritisieren und auch die „Wende in der Bewertung des Zeitbegriffs“ herbeizuführen. Dies geschieht im 7. Kapitel im Abschnitt: „Strandspaziergang“.[zu 83)]

Der krankhaften Illusion, dem „hermetischen Zauber“ (S. 571), dem Zeitverlust und der „großen Konfusion“ (S. 573)[84)] setzt Thomas Mann im Abschnitt „Strandspaziergang“ die Zeit entgegen, die „das Element der Erzählung“ (S. 570) ist, wie sie das „Element des Lebens ist, - ....“ und „auch das Element der Musik, als welche die Zeit misst und gliedert, ...“[85)], die „Zeit“ also, die aktiv , lebensvoll und diszipliniert ist.

Hans Castorps Zeitempfinden als „nunc stans“ hat nur als „Ferienlizenz“ (S. 577) Berechtigung.[zu 84)] Thomas Mann stellt sich eindeutig hinter das „kritische Prinzip“ (S. 577), das für Joachim Ziemßen verbindlich war, setzt ihm aber Grenzen[86)]: Es darf nicht, wie im Fall des jungen Leutnants, zu lebensfeindlicher Zersetzung führen, sondern „Sinn, Zweck und Ziel des kritischen Prinzips“ (S. 577) kann nur eines sein: „der Pflichtgedanke, der Lebensbefehl“ (S. 577), welche der „lästerlichen Zeitwirtschaft" (S. 577) Hans Castorps und seinem „schlimmen Getändel mit der Ewigkeit" (S. 577) entgegenstehen.[zu 86)]

Um der „neuen Idee" aber, die in der Traumvision des Schnee-abenteuers (6. Kapitel) geboren wurde, den Weg zu bahnen und zum Durchbruch zu verhelfen, muss der Schriftsteller jene Kritik und Korrektur notgedrungen zu Beginn des 7. Kapitels vornehmen.

Auch Settembrini[zu 86)], der Hans Castorp gegenüber „die Metaphysik mit pädagogischer Entschiedenheit als »Das Böse«" kennzeichnet (S. 577), trägt durch seine Warnung und seinen Einfluss auf sein »Sorgenkind des Lebens« (S. 577) maßgebend zu dieser erforderlichen „Wende" und „Wandlung" bei.

Vom Areal zwischen den Stationen 3 und 4 aus:
Blick auf die ehemalige „Höhenklinik Valbella" (links im Bild)
und den Eingang ins Dischmatal
Aufnahme: Sommer 2008

ÜBERLEITUNG

„Der Pflichtgedanke, der Lebensbefehl" (S. 577) des Romans jedoch besteht in der Schaffung einer „neuen Humanität", deren Hoffnungsträger trotz zeitweiliger Verirrungen und Tändeleien der Protagonist Hans Castorp ist. Sein selbst ernannter Pädagoge, der italienische Literat Settembrini, gilt als entschiedener Verfechter des „Humanismus" und ist von Anfang an bemüht, geistesgeschichtlich, philosophisch und weltanschaulich auf den jungen Hamburger Ingenieur Einfluss zu nehmen, der aber nach seiner existentiellen Grenzerfahrung im Schneesturm zu seinem Maestro — wegen dessen Lebensferne und dessen geradezu pathologischer, einseitiger Fixierungen vieler seiner Auffassungen — auf Distanz geht. Allerdings bleibt der Romanheld,— wenngleich er nach seiner „Wandlung" durch das Schneeabenteuer einen andersartig geprägten „Humanismus" vertritt als sein philosophischer Lehrmeister, — doch konform mit ihm in dem Grundgedanken der Proklamation der Staatsform der Republik auf der Basis von Humanismus und Humanität. Hierin verkörpert Settembrini, wie es Thomas Mann in seinem Einführungsvortrag zum »Zauberberg« vor Studenten in Princeton im Jahre 1939 hervorhob, „zuweilen das Mundstück des Autors" und spielt daher in diesem Bereich seinem „Sorgenkind" gegenüber, das ihm inzwischen zweifellos an eigenständigen Lebenserfahrungen und Einsichten überlegen ist, bis zuletzt — wenn auch in deutlich abgeschwächter Form — die Rolle des Mentors, — bis zur gleichsam missionarischen Verabschiedung in den Ersten Weltkrieg auf dem Bahnhof von Davos.

DRITTES KAPITEL

Stationen 4 und 5

Themenkreis: „Humanismus"

Tafel 4

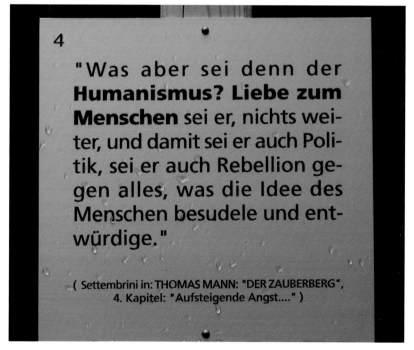

4

"Was aber sei denn der **Humanismus? Liebe zum Menschen** sei er, nichts weiter, und damit sei er auch Politik, sei er auch Rebellion gegen alles, was die Idee des Menschen besudele und entwürdige."

(Settembrini in: THOMAS MANN: "DER ZAUBERBERG",
4. Kapitel: "Aufsteigende Angst....")

Station 4: oberhalb des 2. Serpentinenanstiegs nach dem Picknickplatz

„Was aber sei denn der Humanismus? Liebe zum Menschen sei er, nichts weiter, und damit sei er auch Politik, sei er auch Rebellion gegen alles, was die Idee des Menschen besudele und entwürdige."

(Settembrini in: Thomas Mann: „DER ZAUBERBERG", 4. Kapitel: „Aufsteigende Angst. Von *den beiden Großvätern* und der Kahnfahrt im Zwielicht", S. 167/168)

Tafel 5

5

"Nicht nur der Humanismus, - **Humanität** überhaupt, alle Menschenwürde, Menschenachtung und menschliche Selbstachtung sei untrennbar mit dem Worte, mit Literatur verbunden-, und so sei auch die Politik mit ihr verbunden, oder vielmehr: sie gehe hervor aus dem Bündnis, der Einheit von Humanität und Literatur, denn das **schöne Wort** erzeuge die **schöne Tat.**"

(Settembrini in: THOMAS MANN: "DER ZAUBERBERG", 4. Kapitel: "Aufsteigende Angst.....")

Station 5: oberhalb des 4. Serpentinenanstiegs nach dem Picknickplatz

„Nicht nur der Humanismus, — Humanität überhaupt, alle Menschenwürde, Menschenachtung und menschliche Selbstachtung sei untrennbar mit dem Worte, mit Literatur verbunden — , und so sei auch die Politik mit ihr verbunden, oder vielmehr: sie gehe hervor aus dem Bündnis, der Einheit von Humanität und Literatur, denn das schöne Wort erzeuge die schöne Tat."

(Settembrini in: Thomas Mann: „DER ZAUBERBERG", 4. Kapitel: „Aufsteigende Angst. Von *den beiden Großvätern* und der Kahnfahrt im Zwielicht", S. 169)

Die Settembrini-Gestalt bereitet jedoch Thomas Mann bei der Wiederaufnahme seiner Arbeit an seinem Werk: „Der Zauberberg" im Jahre 1919 Schwierigkeiten[87].

Das 4. Kapitel bildet die Nahtstelle zwischen dem Neubeginn der Niederschrift des Romans im Jahre 1919 und dem frühen Teil, den der Autor von 1913 bis 1915 einschließlich bis zum Abschnitt „Hippe" verfasste[88] und welcher „der bürgerlich-konservativen, apolitischen Position" der »Betrachtungen eines Unpolitischen«[89] entspricht. Wohingegen im ersten Teil „das Verhältnis zwischen Geist und Kunst einerseits und Politik andrerseits als fundamentaler Antagonismus begriffen und dargestellt"[zu 89] wird, zeichnet sich im zweiten Teil die „Wandlung des Autors, seine politische »Wende« von 1922, in verdeckter Form im ästhetischen Bereich bereits Ende August 1919 ab."[90] In seiner Rede „Von Deutscher Republik" von 1922 bekennt sich dann Thomas Mann offen zu dem „neuen Humanitätsbegriff, der die politische Dimension mit einschließt."[zu 90] So erscheint auch im „Zauberberg" ein „neuer" Settembrini: Aus dem „reinen" Literaten wird ein „politischer".[zu 90]

Im Abschnitt: „Aufsteigende Angst. Von *den beiden Großvätern* und der Kahnfahrt im Zwielicht" im 4. Kapitel spricht Settembrini über sich selbst und erklärt den beiden Vettern gegenüber, dass

> „in seiner, des Enkels Lodovico, Person … die Tendenzen seiner unmittelbaren Vorfahren, die staatsbürgerliche des Großvaters und die humanistische des Vaters, sich vereinigt [hätten], indem er nämlich ein Literat, ein freier Schriftsteller geworden sei. Denn die Literatur sei nichts anderes als eben dies: sie sei die Vereinigung von Humanismus und Politik." (S. 168)

Settembrini steht geistesgeschichtlich „in der Tradition des europäischen Denkens von der Antike über die Renaissance" bis hin „zur Aufklärung. Er ist ein Mann des Classicismo, nicht der Romantik. Seine Autoren sind Vergil, Boccaccio, Voltaire, Carducci (vgl. „Zauberberg", S. 168). Er kämpft für den Humanismus, die Menschenrechte, die Demokratie und neigt", allerdings nur „in Worten, zum Aktivismus, zur Revolution."[91]

Das Wesen des „Humanismus" definiert er folgendermaßen:

> „Was aber sei denn der **Humanismus? Liebe zum Menschen** sei er, nichts weiter, und damit sei er auch Politik, sei er auch Rebellion gegen alles, was die Idee des Menschen besudele und entwürdige."
>
> (Settembrini in: Thomas Mann: „DER ZAUBERBERG", 4. KAPITEL: „Aufsteigende Angst. Von *den beiden Großvätern* und der Kahnfahrt im Zwielicht", S. 167/168, **Tafel 4**)

Settembrinis Verständnis des gesellschaftspolitischen und kulturellen Begriffs „Humanismus" ist auf den pädagogischen Einfluss seines Vaters zurückzuführen.

Sein Vater sei „Humanist" gewesen, so erzählt er seinen beiden Zuhörern Hans Castorp und Joachim Ziemßen. „Die Idee des Menschen, der Mensch in seiner Würde habe im Zentrum aller seiner Bestrebungen gestanden." Menschenfeindlichkeit, „Aberglaube und Formlosigkeit, wie sie seines Erachtens im Mittelalter vorherrschten, hätten seine tiefste Abneigung gefunden."[92]

Sein rebellischer Großvater Giuseppe hingegen war nicht nur ein „großer Patriot", sondern sogar aktiver Freiheitskämpfer gewesen, der sich nur einmal in seinem Leben so „recht von Herzen glücklich gefühlt [habe], und das sei zur Zeit der Pariser Juli - Revolution gewesen" (vgl. „Zauberberg", S. 165) im Jahre 1789, wo er, — wie ihn sich Hans Castorp im Geiste vorstellt — , „die Trikolore im Arm, mit geschwungenem Säbel und den schwarzen Blick gelobend gen Himmel gewandt, einer Schar von Freiheitskämpfern voran gegen die Phalanx des Despotismus stürmte" (vgl. „Zauberberg", S. 163), — „Freiheit, Gleichheit und Brüderlichkeit" beschwörend!

Lodovico Settembrini aber, „dem Sohn des Humanisten und Enkel des politischen Freiheitskämpfers" liegt besonders die »sittliche Vervollkommnung« durch Literatur, Humanität und Politik am Herzen.[93] Er ist der Auffassung, dass

> „alle Sittigung und sittliche Vervollkommnung ... dem Geiste der **Literatur** [entstamme], diesem Geiste der Menschenehre, welcher zugleich auch der Geist der **Humanität** und der **Politik** sei. Ja, dies alles sei eins, ... und in **einen Namen** könne man es zusammenfassen .... – er laute: ZIVILISATION!" (S. 169)

Die Signifizierung der Literatur als „versittlichende Macht" aber nimmt Thomas Mann „unter ausdrücklichem Hinweis auf die italienischen Literaten"[94] bereits in seiner Abhandlung „Geist und Kunst" im Jahre 1909 [zu 94] vor. Ebenso klingt diese These des Autors in folgender Überzeugung an, die Settembrini den beiden Vettern gegenüber im Gespräch darlegt:

> „Nicht nur der Humanismus, — **Humanität** überhaupt, alle Menschenwürde, Menschenachtung und menschliche Selbstachtung sei untrennbar mit dem Worte, mit Literatur verbunden —, und so sei auch die Politik mit ihr verbunden, oder vielmehr: sie gehe hervor aus dem Bündnis, der Einheit von Humanität und Literatur, denn das **schöne Wort** erzeuge die **schöne Tat.**"

> (Settembrini in: Thomas Mann: „DER ZAUBERBERG", 4. Kapitel: „Aufsteigende Angst. Von *den beiden Großvätern* und der Kahnfahrt im Zwielicht", S. 169, **Tafel 5**)

Mit dieser Sentenz aber beschwört der italienische Literat auch Goethe, „der die **gute Tat** und das **schöne Wort** einander **innig gesellt.**"[95]

Erkme Joseph[96] weist darauf hin, „dass die gute Tat" für die „philanthropischen Publizisten der Aufklärungszeit kennzeichnend gewesen" sei. Für den Autor folgt die »gute Tat« „aus der Verbindung von Philanthropie und Schreibkunst als Passion."[zu 96] In diesem Sinne gehören zum literarischen Selbstverständnis, wie sich Settembrini in der Diskussion im 6. Kapitel im Abschnitt „Operationes spirituales" äußert (S. 479-485), auch der Abscheu vor Prügelstrafe, Folter und Todesstrafe[zu 96] im Justizvollzug der Staaten und ebenso die Negation körperlicher Strafmaßnahmen und Züchtigung in der Pädagogik, was zugleich den „tatkräftigen" Einsatz für Reformen auf jenen Gebieten impliziert.

Diesen im „Zauberberg" diskutierten juristischen, bzw. rechtsstaatlichen und gesellschaftpolitischen Aspekt paraphrasiert 1922 Thomas Mann in seiner Rede „Von Deutscher Republik"[97] folgendermaßen:

> „Nenne man es nun ‚Civilisation' oder ‚Vermenschlichung' oder ‚Fortschritt' oder aber einfach mit einer politischen Formel die ‚**demokratische Bewegung Europas**'."[zu 97]

Im Roman erweist sich Settembrini als eifriger Verfechter von »Zivilisation« und »Fortschritt«. Allerdings entpuppen sich viele seiner Ideen als einseitige, oft geradezu pathologisch anmutende Fixierungen. Für den Begriff »Vermenschlichung«, einem Hauptanliegen des „Humanismus", steht jedoch im „Zauberberg" paradigmatisch nicht seine Person, sondern die charmante Erscheinung der Russin Clawdia Chauchat, die unter den latenten Anfeindungen des weltfremden Zivilisationsliteraten und exaltierten Fortschrittsgläubigen Settembrini immer wieder zu leiden hat. [zu 97]

Auffallend allerdings ist, dass sich Settembrini gegen Ende des Romans zunehmend um „Vermenschlichung" bemüht.[zu 97] Der Bannkreis der faszinierenden „Mähnschlichkeit" Clawdia Chauchats, der dem Literaten so sehr verhassten „Kirke", berührt — ihm keineswegs bewusst — schließlich doch auch seine Sphäre!

Auf dem Wege zum Duell (7. Kapitel) greift Settembrini nach der Hand seines Zöglings Hans Castorp und legt seine andere darauf (S. 744), um mit dieser „mähnschlichen" Geste seiner Beteuerung Nachdruck zu verleihen, dass er nicht töten werde.

Und zuletzt — bei der Verabschiedung des Romanhelden in den Ersten Weltkrieg auf dem Bahnhof von Davos — umarmt dann Lodovico sogar seinen Adepten „und küsste ihn wie ein Südländer (oder auch wie ein Russe) auf beide Wangen." (S. 753)

So vollzieht sich selbst bei Settembrini gegen Ende des Romans ein Wandel hin zu mehr „Mähnschlichkeit" — eine unbewusste Reaktion vermutlich auch auf die spürbar zunehmende Distanzierung des Neophyten von seinem Mentor wegen der „großen Konfusion" im Disput mit Naphta und der „Versponnenheit" des Literaten in philosophische Theorien, die jeglicher persönlicher Lebenserfahrung entbehren.

Blick von Station5 in das Dischmatal
Aufnahme: August 2008

ÜBERLEITUNG

Doch der Humanist Settembrini, der — wie sein Gegner Naphta — „nur abstrakt" [98)] existiert, leidet latent an der „Ohnmacht" seiner „Praxisferne." [99)] Sein Dasein ist „bestimmt von der unerfüllten Sehnsucht nach Leben." [zu 99)]

Der „Frage nach dem Leben" aber kommt im Roman eine zentrale Bedeutung zu. Thomas Mann diskutiert sie in seinem Werk: „Der Zauberberg" nicht nur — wie bisher dargelegt — im Hinblick auf ihren „gesellschaftspolitischen Aspekt" und ihren Bezug zu „Raum und Zeit", sondern auch im „biologischen und molekularbiologischen Sinne."

VIERTES KAPITEL

Stationen 6 und 7

Themenkreis: „Leben"

Tafel 6

6

"Was war das **Leben?** Man wusste es nicht. Es war sich seiner bewusst, unzweifelhaft, sobald es Leben war, aber es wusste nicht, was es sei."

"Was war also das **Leben?** Es war **Wärme,**.... Es war nicht materiell und es war nicht Geist. Es war etwas zwischen beidem, ein Phänomen, getragen von Materie, gleich dem Regenbogen auf dem Wasserfall und gleich der Flamme."

(Aus: THOMAS MANN: "DER ZAUBERBERG", 5. Kapitel: "Forschungen")

Station 6: neben der Brücke unterhalb der Holzbohlenterrassen eines Bergwassers nordwestlich des Tobelmühlebaches

„Was war das Leben?"

„Was war das Leben? Man wusste es nicht. Es war sich seiner bewusst, unzweifelhaft, sobald es Leben war, aber es wusste nicht, was es sei."

„Was war also das Leben? Es war Wärme,.... Es war nicht materiell und es war nicht Geist. Es war etwas zwischen beidem, ein Phänomen, getragen von Materie, gleich dem Regenbogen auf dem Wasserfall und gleich der Flamme."

(Aus: Thomas Mann: „DER ZAUBERBERG",
5. Kapitel: „Forschungen", S. 290 und S. 292)

Die „seherischen" Fähigkeiten [100] und das Wissen des Schriftstellers auf biochemischem Gebiet, welche im Abschnitt „Forschungen" im 5. Kapitel ihren Niederschlag finden, resultieren aus dessen intensiver Beschäftigung vom 14. Juli bis 29. September 1920 mit dem circa eintausend Seiten umfassenden Lehrbuch Oscar Hertwigs: „Allgemeine Biologie". [101]

Im Roman legt auch der junge Ingenieur Hans Castorp aus Hamburg bereits zu Beginn des ersten Winters, den er auf dem „Zauberberg" verbringt, die „in seinen Lebensberuf einschlagenden Bücher, Ingenieur - Wissenschaftliches [und] Schiffsbautechnisches"(S. 289), zur Seite, um sich mit wissenschaftlichen Werken der „Anatomie, Physiologie und Lebenskunde" (S. 289) zu befassen.

> „**Er forschte tief, er las,** während der Mond über das kristallisch glitzernde Hochgebirgstal seinen gemessenen Weg ging, **von der organisierten Materie, den Eigenschaften des Protoplasmas ......, las** mit dringlichem Anteil **vom Leben und seinem heilig - unreinen Geheimnis.**" (S. 290)

Thomas Mann — und mit ihm Hans Castorp — stellt in dem Abschnitt „Forschungen" im 5. Kapitel **dreimal** die **Frage nach dem Leben:**

- „Was war das Leben? Man wusste es nicht. Es war sich seiner bewusst, unzweifelhaft, sobald es Leben war, aber es wusste nicht, was es sei." (S. 290, **Tafel 6**)

- „Was war das Leben? Niemand wusste es. Niemand kannte den natürlichen Punkt, an dem es entsprang und sich entzündete. Nichts war unvermittelt oder nur schlecht vermittelt im Bereiche des Lebens von jenem Punkte an; aber das Leben selbst erschien unvermittelt." (S. 291)

Zweimal lautet die Antwort auf die Frage, was denn das Leben sei, man wisse es nicht. Das dritte Mal jedoch identifiziert der Autor das „Leben" im molekularbiologischen Sinne mit **„Wärme"**.

- „Was war also das Leben? Es war Wärme, das Wärmeprodukt formerhaltender Bestandlosigkeit, ein Fieber der Materie, von welchem der Prozess unaufhörlicher Zersetzung und Wiederherstellung unhaltbar verwickelt, unhaltbar kunstreich aufgebauter Eiweißmolekel begleitet war. Es war das Sein des eigentlich Nicht-sein-Könnenden, des nur in diesem verschränkten und fiebrigen Prozess von Zerfall und Erneuerung mit süß-schmerzlich-genauer Not auf dem Punkte des Seins Balancierenden. **Es war nicht materiell, und es war nicht Geist. Es war etwas zwischen beidem, ein Phänomen, getragen von Materie, gleich dem Regenbogen auf dem Wasserfall und gleich der Flamme."** (S. 292, **Tafel 6**)

Thomas Mann definiert den Begriff „Leben" im molekularbiologischen Verständnis als „Wärme". Es ist daher nicht verwunderlich, dass der „praxisferne" [zu 99)] Humanist Settembrini in seiner „unerfüllten Sehnsucht nach Leben" [zu 99)] im Roman ständig fröstelt und ein Verlangen nach Wärme empfindet, das sich für ihn mit Assoziationen aus seiner Kindheit, dem „warmen Studierstübchen" (S. 102) seines Vaters verbindet.

Biochemisch gesehen ist „Wärme", ist das „Fieber der Materie", wie Thomas Mann im Abschnitt „Forschungen" im 5. Kapitel herausstellt, die Begleiterscheinung des Prozesses der „Zersetzung und Wiederherstellung ... [der] Eiweißmolekel". (S. 292) Dieser „fiebrige Prozess von Zerfall und Erneuerung" aber entspricht auch der Goethe'schen Auffassung, dass „in der organischen Welt alles in einer steten Bewegung schwanke".[102] Nicht nur Thomas Manns naturwissenschaftliche Studien der „Allgemeinen Biologie" Oscar Hertwigs, sondern auch seine intensive Beschäftigung mit Goethe in den frühen zwanziger Jahren[103] des

20. Jahrhunderts bestärken ihn in seiner Theorie von den Lebensprozessen, die — wie Goethe es hervorhebt — nach „dem Grundsatz der Stetigkeit" [104] ablaufen. Im Juli 1921 notiert daher Thomas Mann in seinem Tagebuch: „Erstaunen über die eigentlich Goethe'sche Sphäre des »Zauberbergs«." [zu 103]

„Was war also das Leben? … Es war nicht materiell, und es war nicht Geist. Es war etwas zwischen beidem." (S. 292, Tafel 6)

Das Leben befindet und bewegt sich somit im Spannungsfeld zwischen den beiden Polen von „Geist und Materie". Auch in Goethes Naturphilosophie spielt neben dem biologischen Prinzip der „Steigerung" dasjenige der „Polarität" eine entscheidende Rolle. Beide Phänomene haben die Thematik des „Zauberbergs" maßgebend beeinflusst. Wie Goethe betont, „beträfen" beide Begriffe auch „Materie und Geist", „da die Materie nie ohne Geist, der Geist nie ohne Materie existiere und wirksam sein könne, so vermöge die Materie sich zu steigern — wie auch der Geist." [zu 104]

Zwischen diesen beiden steigerungsfähigen Polen aber, so erläutert es Thomas Mann und mit ihm Hans Castorp, bewege sich das Leben, das **„von der Materie getragen"** werde, **„gleich dem Regenbogen auf dem Wasserfall und gleich der Flamme".** (S. 292, **Tafel 6**)

Das „Getragensein" des Lebens von der Materie vergleicht der Schriftsteller mit den mythologischen Metaphern des „Regenbogens" auf dem Wasserfall und der „Flamme". Damit weist er gleichzeitig sowohl auf die Elemente des Lebens hin: Erde, Feuer, Wasser, Luft und Licht, ohne die „Leben" nicht möglich ist, als auch auf dessen metaphysische Komponente.

Der „Regenbogen" benötigt zwar die Materie des Wassers zu seiner Entstehung — denn an der Grenzschicht zwischen Luft und Wassertropfen bricht sich das Sonnen-, bzw. Mondlicht farbig — , doch ist dieses wundersame Phänomen „etwas Emergentes" [105], etwas Herausragendes und Gesteigertes, und für Hans Castorp ein „Geschenk, das verpflichtet." [zu 105]

In der Mythologie des Alten Testamentes verweist der „Regenbogen" als Zeichen des „Bundes" zwischen Gott und dem Menschen in die metaphysische Sphäre — gleichermaßen wie das Bild der „Flamme", das Heiligkeit, Gerechtigkeit und Ewigkeit symbolisiert.

So reicht das biologische Prinzip der Steigerung des Lebens in Thomas Manns „Zauberberg" bewusst „tief ins Menschliche, ins Sittliche und Geistige" [106] hinein und stellt „eines der Themen [dar], die den Roman entscheidend mitbestimmen." [107] Die Steigerung „als Transsubstantiation aus dem Schlichten und Einfachen, aus der Simplizität des Durchschnittlichen zu dem, was bei Thomas Mann auch »Geheimnis des Menschen« heißt" [zu 106], wird, wie Helmut Koopmann treffend formuliert, — wenngleich „ein ursprünglich biologischer Terminus — zur »magischen Formel« eines ganzen" Werkes. [108]

Station 6
Aufnahme: August 2008

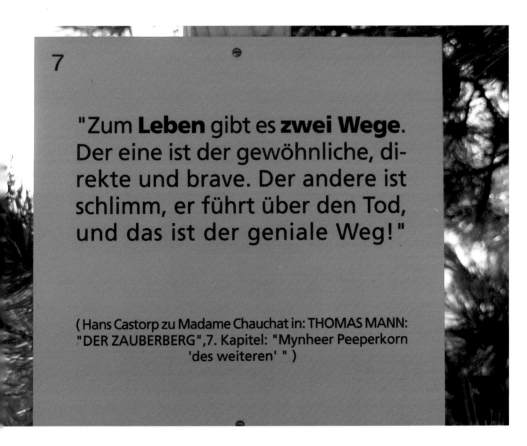

7

"Zum **Leben** gibt es **zwei Wege**. Der eine ist der gewöhnliche, direkte und brave. Der andere ist schlimm, er führt über den Tod, und das ist der geniale Weg!"

(Hans Castorp zu Madame Chauchat in: THOMAS MANN: "DER ZAUBERBERG",7. Kapitel: "Mynheer Peeperkorn 'des weiteren' ")

Station 7: am Rande des weißen Holzarkadenganges vor dem Hotel Schatzalp am Thomas-Mann-Weg

Station 7

Tafel 7 am Thomas-Mann-Weg im Eingangsbereich des
weißen Holzarkadenganges zum Hotel Schatzalp
Aufnahme: August 2008

„Zwei Wege zum Leben"

„Zum Leben gibt es zwei Wege: Der eine ist der gewöhnliche , direkte und brave. Der andere ist schlimm, er führt über den Tod, und das ist der geniale Weg!"

(Hans Castorp zu Madame Chauchat in:
Thomas Mann: „DER ZAUBERBERG",
7. Kapitel: „Mynheer Peeperkorn ‚des weiteren' ", S. 630)

Die Übertragung des „biologischen Prinzips der Steigerung" auf den Lebensweg eines Menschen erfordert jedoch im Leben jedes Einzelnen die Einbeziehung von „Krankheit und Tod" als Läuterungsprozess. Denn erst durch die empirische Konfrontation und die gedankliche Auseinandersetzung mit diesen beiden Phänomenen kann eine bewusste „Steigerung des Lebens" erzielt werden.

Nach der bedeutsamen „Wandlung", die sich an Hans Castorp in dem Grenzerlebnis des Schneesturms vollzieht, äußert der Romanheld seine neu gewonnene Erkenntnis in einem abendlichen Kamin-Gespräch in der Halle des „Berghofs" Madame Chauchat gegenüber:

> „Mit einem Worte, du weißt wohl nicht, dass es etwas wie die alchimistisch–hermetische Pädagogik gibt, Transsubstantiation, und zwar zum Höheren, Steigerung also, wenn du mich recht verstehen willst. Aber natürlich, ein Stoff, der dazu taugen soll, durch äußere Einwirkungen zum Höheren hinaufgetrieben und -gezwängt zu werden, der muss es wohl im Voraus ein bisschen in sich haben. Und was ich in mir hatte, das war, ich weiß es genau, dass ich von langer Hand her mit der Krankheit und dem Tode auf vertrautem Fuße stand und mir schon als Knabe unvernünftigerweise einen Bleistift von dir lieh, wie hier in der Faschingsnacht. Aber die unvernünftige Liebe ist genial, denn **der Tod**, weißt du, **ist das geniale Prinzip**, die res bina, der lapis philosophorum, und **er ist auch das pädagogische Prinzip, denn die Liebe zu ihm führt zur Liebe des Lebens und des Menschen.** So ist es, in meiner Balkonloge ist es mir aufgegangen, und ich bin entzückt, dass ich es dir sagen kann:

Zum **Leben** gibt es **zwei Wege**: der eine ist der gewöhnliche, direkte und brave. Der andere ist schlimm, er führt über den Tod, und das ist der geniale Weg!" (S. 630, **Tafel 7**)

Der spontane Kommentar der „mähnschlich"- charmanten Russin Clawdia auf diese wohl überlegten, geistreichen Worte Hans Castorps enthält „liebevolle" Ironie und Anerkennung zugleich:

„Du bist ein närrischer Philosoph", sagte sie. „Ich will nicht behaupten, dass ich alles verstehe in deinen krausen deutschen Gedanken, aber es klingt **mähnschlich**, was du sagst, und du bist zweifellos ein guter Junge. Übrigens hast du dich tatsächlich en philosophe benommen, man muss es dir lassen …" (S. 630)

Diese neue Einsicht bezüglich des — wie Hans Castorp es formuliert — „genialen Weges" zum Leben, der Krankheit und Tod als „Läuterungsprozess" mit einschließt, kann hingegen sein selbst ernannter Pädagoge Settembrini nicht nachvollziehen und mit seinem Zögling teilen.

Der italienische Philosoph und Humanist, der in den Augen Madame Chauchats „Mähnschlichkeit" vermissen lässt, will die Krankheit, die seiner Ansicht nach „betagt und hässlich" (S. 104) sei und „aus abergläubisch zerknirschten Zeiten" (S. 104) herrühre, als „etwas Unsittliches" im Leben sogar ausmerzen und ist auch in dieser Auffassung einem Trugschluss erlegen, was ihm letztendlich den Zugang zum Leben verwehrt, worunter er zwar latent, aber konstant leidet.

Die einseitigen Fixierungen des sich tolerant und weltoffen dünkenden Demokraten und Humanisten Settembrini bewirken in entscheidendem Maße die zunehmende Distanzierung des Romanhelden von seinem Maestro, insbesondere nach dem zäsurhaften Erlebnis Hans Castorps im „Schneesturm". Die Diskrepanz zwischen beiden Protagonisten in ihrer „Grundeinstellung zum Leben" tritt nun offenkundig und krass hervor.

Denn Settembrini erwarb sogar, um dieses Ziel der Ausmerzung der Krankheit wirksamer verfolgen zu können, die Mitgliedschaft in einem „Internationalen Bund für Organisierung des Fortschritts", der — so unterweist er Hans Castorp — „aus der Entwicklungslehre Darwins die philosophische Anschauung" ableitet, „dass der innerste Naturberuf der Menschheit ihre Selbstvervollkommnung ist." (S. 259) Und das „wissenschaftlich ausgearbeitete Reformprogrammm" dieses Bundes umreißt er folgendermaßen: „Das Problem der Gesundheit unserer Rasse wird studiert, man prüft alle Methoden zur Bekämpfung der Degeneration …" (S. 259) Es handelt sich hier also — wie Walter Müller-Seidel[109] in seinem

Aufsatz „Degeneration und Décadence" betont — um „Lehren einer vergangenen Zeit wie Degenerationslehre, Rassenbiologismus und Rassenhygiene, die allesamt in das Syndrom des Sozialdarwinismus einmünden, dem Settembrini das Wort redet …so gehen Sprache und Humanität in seiner Person nicht zusammen, sie stehen ihrerseits zueinander in Widerspruch".[zu 109)] Der „Humanist" Settembrini vertritt paradoxerweise den Sozialdarwinismus des 19. Jahrhunderts [zu 109)] und wird selbst zum Opfer einseitiger Fixierungen, vor welchen er — und darin liegt die Ironie des Romans — seinen Zögling Hans Castorp ständig warnt.[110)]

Eine völlig andere Grundeinstellung zu Krankheit, Tod und Leben hingegen hat der dem Philosophen inzwischen überlegene Romanheld durch sein geradezu abruptes „Umwandlungserlebnis" im Schneesturm gewonnen. Die mythologisch übermächtige Traumvision am Schluss seiner Grenzerfahrung im Schneeabenteuer, seiner direkten Konfrontation mit dem Tode, — öffnet dem jungen Ingenieur die Augen für das Wesentliche und vermittelt ihm seine neue Lebenserkenntnis.

Am Ende der Gralsuche des Romanhelden, der seinen Weg mit der „Sympathie mit dem Tode" im romantisch-ästhetizistischen Verständnis Schopenhauers angetreten, steht eine neue humanitäre Einsicht als Ausdruck einer positiven Lebensbejahung, jedoch nicht einer dionysisch-aristokratischen, wie Nietzsche sie versteht, sondern im Sinne einer Lebensfreundlichkeit, die Krankheit und Tod keineswegs ausgrenzt, sondern sie sogar als „geniales" und „pädagogisches Prinzip" (S. 630) akzeptiert, das der „Lebenssteigerung" dient; denn — so belehrt Hans Castorp Madame Chauchat — **die Liebe zum Tod „führt zur Liebe des Lebens und des Menschen."** (S. 630)

Blick von Station 7 auf Davos
Aufnahme: August 2008

KERNEREIGNIS

und

KERNGEDANKE

FÜNFTES KAPITEL

Stationen 8 und 9

Kernereignis: „Der Schneesturm"

Tafel 8

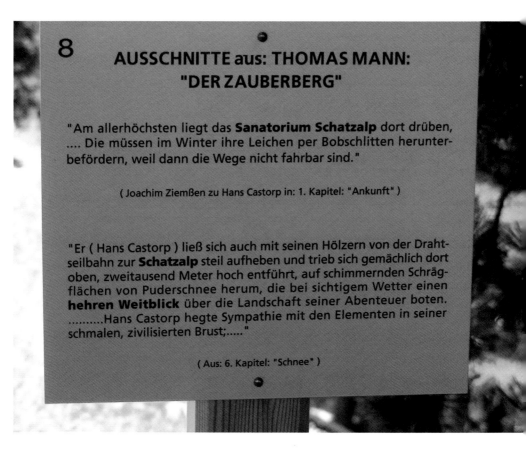

8

AUSSCHNITTE aus: THOMAS MANN: "DER ZAUBERBERG"

"Am allerhöchsten liegt das **Sanatorium Schatzalp** dort drüben, ... Die müssen im Winter ihre Leichen per Bobschlitten herunterbefördern, weil dann die Wege nicht fahrbar sind."

(Joachim Ziemßen zu Hans Castorp in: 1. Kapitel: "Ankunft")

"Er (Hans Castorp) ließ sich auch mit seinen Hölzern von der Drahtseilbahn zur **Schatzalp** steil aufheben und trieb sich gemächlich dort oben, zweitausend Meter hoch entführt, auf schimmernden Schrägflächen von Puderschnee herum, die bei sichtigem Wetter einen **hehren Weitblick** über die Landschaft seiner Abenteuer boten. ....Hans Castorp hegte Sympathie mit den Elementen in seiner schmalen, zivilisierten Brust;....."

(Aus: 6. Kapitel: "Schnee")

Station 8: auf der Schatzalp zwischen Sommerschlittelbahn und Aussichtsplatz mit Fernrohr

AUSSCHNITTE aus THOMAS MANN:
„DER ZAUBERBERG"

„Am allerhöchsten liegt das Sanatorium Schatzalp dort drüben, ... Die müssen im Winter ihre Leichen per Bobschlitten herunterbefördern, weil dann die Wege nicht fahrbar sind."

(Joachim Ziemßen zu Hans Castorp in:
1. Kapitel: „Ankunft", S. 13)

„Er (*Hans Castorp*) ließ sich auch mit seinen Hölzern von der Drahtseilbahn zur Schatzalp steil aufheben und trieb sich gemächlich dort oben, zweitausend Meter hoch entführt, auf schimmernden Schrägflächen von Puderschnee herum, die bei sichtigem Wetter einen hehren Weitblick über die Landschaft seiner Abenteuer boten.

................Hans Castorp hegte Sympathie mit den Elementen in seiner schmalen, zivilisierten Brust; ...."

(Aus: 6. Kapitel: „Schnee", S. 501/502)

Station 8

Am linken Bildrand:
Grüner Eingangskiosk
der Sommerschlittel-
bahn

Verdeckt durch die
Bäume rechts im Bild:
Der Beginn der Bob-
bahn hinter der Berg-
station der Schatzalp-
bahn.

Aufnahme:
Januar 2009

Texttafel 8 rechts im Vordergrund

Am rechten Bildrand
im Vordergrund: Aus-
sichtsplatz mit Fern-
rohr

Aufnahme:
Januar 2009

Tafel 8 im Hintergrund links neben der Baumgruppe

Areal oberhalb von Station 8

Blick von Station 8 aus auf die „schimmernden Schrägflächen" der Schatzalp mit ihren Holzhütten

(Am linken Bildrand: Grüner Eingangskiosk der Sommerschlittelbahn)

Aufnahmen: Januar 2009

Blick auf die „schimmernden Schrägflächen von Puderschnee" auf der Schatzalp und auf das Restaurant Strelaalp am oberen Hügelrand

„Geheimer" Schauplatz des „Schneeabenteuers"

„Tod und Leben" gehören untrennbar zusammen. Im Hinblick auf diese Thematik kommt der **Schatzalp** im Roman eine besondere Bedeutung zu.

Bereits kurz nach der Ankunft des jungen Hamburger Ingenieurs in Davos Dorf weist ihn sein Vetter Joachim Ziemßen auf dem Weg zum „Internationalen Sanatorium Berghof" auf das „Sanatorium Schatzalp" mit den Worten hin:

„Am allerhöchsten liegt das **Sanatorium Schatzalp** dort drüben"
(1. Kapitel: „Ankunft", S. 13; **Tafel 8**)

„Sanatorium Schatzalp"
um 1905

„Sanatorium Schatzalp"
um 1932

Und zum Erstaunen Hans Castorps fügt Joachim hinzu:

„Die müssen im Winter ihre Leichen per Bobschlitten herunterbefördern, weil dann die Wege nicht fahrbar sind.“

(1. Kapitel: „Ankunft“, S. 13; **Tafel 8**)

Bobbahn - Start auf der Schatzalp (um 1910)

„1907 entstand die Bobsleighbahn von der Schatzalp bis ins Englische Viertel, die bis 1932 in Betrieb war.“
(Text der Dokumentationsbibliothek Davos)

„Das Sanatorium Schatzalp wurde 1899/1900 erbaut. Gleichzeitig ent-
standen die Straße (Schlittelbahn nach Davos Platz) und die Schatz-
alp-Drahtseilbahn. Initiant für die gesamten Anlagen war W. J. Holsboer (gest. 08.06.1898), der jedoch die Eröffnung nicht mehr erlebte.
Das Erstklass-Sanatorium war ein äußerst großzügiger Bau und in
künstlerischer Ausgestaltung (Jugendstil) wie in technischer Konstruk-
tion richtungsweisend. Es war einer der ersten großen Eisenbeton-
Bauten der Schweiz. Der Bau erhielt eine Flachdachkonstruktion mit
leichtem Gefälle gegen die Mitte des Dachs und mit dem Ablauf des
Schmelz- und Regenwassers durch das Innere des Gebäudes (keine Eis-
bildungen, keine Schneerutsche). Diese Dachkonstruktion hat sich in
der Folge für Davos aufs Beste bewährt. Präsident der Baukommission
war Wilhelm Alexander Holsboer jun.. Die Chefärzte des Sanatoriums
Schatzalp waren Dr. Lucius Spengler und Dr. Eduard Neumann."

(Text der Dokumentationsbibliothek Davos)

Hotel Schatzalp und Restaurant Strela-Alp im Sommer 1985

Blick auf die Schrägflächen der „Schatzalp" am Westhang von Davos und auf den „Davoser See" in der nordöstlichen Talsohle.

Der „Tod" — hier oben im Hochgebirgstal der alltägliche Begleiter der Tuberkulosekranken — wird von Joachim nach fünf Monaten Kur in Davos wie etwas Selbstverständliches erwähnt, was aber der Neuankömmling Hans Castorp nicht anders als „zynisch" empfinden kann. Doch stellt der „Tod" eines der Themen dar, die den Roman entscheidend bestimmen.

Hans Castorps Verfassung ist — wie bereits erwähnt — schon in seiner Kindheit durch den frühen Tod seiner Eltern und besonders durch die Begegnung mit seinem Großvater und dessen Hinscheiden, als er — der kleine Hans — gerade erst acht Jahre alt war, „auf den Tod gerichtet". Seine in der Schul- und Studentenzeit gehegte „romantisch - ästhetizistische Sympathie mit dem Tode" kann weitgehend als synonym mit „Verfall" und „Pathologie" gesehen werden. Settembrini erkennt sofort dieses suggerierende Motiv im Handeln des jungen Ingenieurs aus Hamburg und dessen Neigung und Bereitwilligkeit, dem aktiven Leben zu entfliehen, weshalb er Hans Castorp gleich am Tag nach dessen Ankunft in Davos den Rat erteilt (S. 92), sofort wieder ins Flachland zurückzukehren. Nachdem jedoch der junge Patriziersohn stattdessen ein langjähriges Patientendasein im „Internationalen Sanatorium Berghof" pflegt, versucht sein selbst ernannter Pädagoge Settembrini, ihn immer wieder zu Aktivitäten zu bewegen, und unterstützt besonders nachhaltig Hans Castorps Entschluss, das Skifahren zu erlernen. Bei einem dieser Skiausflüge riskiert der Romanheld allerdings zu viel und gerät in Todesgefahr — ein Erlebnis, das die entscheidende Wandlung in Hans Castorp herbeiführt und somit zum Kernereignis des Romans wird.

Dieses bedeutende Skiabenteuer leitet Thomas Mann im 6. Kapitel „Schnee" mit einem allgemeinen Überblick über Hans Castorps bisherige Unternehmungen ein, den er mit folgendem Hinweis abschließt:

> „Er (*Hans Castorp*) ließ sich auch mit seinen Hölzern von der Drahtseilbahn zur **Schatzalp** steil aufheben und trieb sich gemächlich dort oben, zweitausend Meter hoch entführt, auf schimmernden Schrägflächen von Puderschnee herum, die bei sichtigem Wetter einen **hehren Weitblick** über die Landschaft seiner Abenteuer boten.
> ....Hans Castorp hegte Sympathie mit den Elementen in seiner schmalen, zivilisierten Brust; ..."
> (Aus: 6. Kapitel: „Schnee", S. 501/502, **Tafel 8**)

Schatzalp-Drahtseilbahn

Aufnahme: 1913

„Schimmernde Schräg-flächen von Puder-schnee, die bei sichtigem Wetter einen **hehren** **Weitblick** über die Land-schaft seiner Abenteuer bo-ten.*"*

Blick von den Schrägflächen der Schatzalp
auf Davos im Winter
(Aufnahme: 1912)

„Hehrer Weitblick von den *Schrägflächen der* *Schatzalp* nach Süden im Sommer.*"*

Blick von den Schrägflächen der Schatzalp
auf Davos im Sommer
(Aufnahme: 1913)

94

Doch diese Elemente werden dem Romanhelden Hans Castorp beinahe zum Verhängnis. Er gerät in einen gefährlichen Schneesturm und schläft nach langem Umherirren, an die Holzwand eines Heuschobers gelehnt, für kurze Zeit träumend ein. Unverkennbar fügt Thomas Mann in die Schilderung dieses Abenteuers märchenhafte Motive ein. Das „Verirren" im Schnee und die „Todesgefahr", der Hans Castorp am vermeintlich rettenden Heuschober ausgeliefert ist, erinnern an das Märchen von „Hänsel und Gretel". In seinem Traum aber hält den jungen Ingenieur eine großartige mythologische Vision in Bann und lässt den am Rande des Todes Stehenden die Welt in ihrer faszinierenden, beglückenden Schönheit und Unbeschwertheit, aber auch in ihrer deprimierenden, erschütternden Hässlichkeit und Grausamkeit erleben und offenbar werden. Die kontrastreichen Impressionen sind überwältigend und schärfen dem Adepten den Blick für das Entscheidende, so dass sich eine abrupte „Wandlung" in ihm vollzieht.

Zweifellos hat das Kernereignis im Roman **universalen** Charakter. Thomas Mann vermeidet daher in der Schilderung des Abenteuers ganz bewusst eine exakte geographische Fixierung, gibt jedoch im Text latent mehrere Hinweise zur Lokalisierung dieses Geschehens.

Obwohl der Autor am Schluss des wagemutigen Unternehmens Hans Castorp am Brämabüel abfahren lässt, spricht vieles dafür, dass der **geheime Schauplatz** des Abenteuers die **Bergregion der Schatzalp** war. Darauf hin deutet nicht nur die **Landschaftsschilderung im Schneesturm**, sondern auch die Erwähnung der **Schatzalp** zu Beginn des „Schneeerlebnisses" (siehe Tafel 8!) als des **zentralen Ortes**, von dem aus der Romanheld einen „hehren Weitblick" über die Landschaft seiner Abenteuer" hat.

Schatzalphütten um 1898

Sanatorium Schatzalp Davos (Rückseite)
Aufnahme: 1928

Der Begriff „hehrer Weitblick" oder „hehre Weitsicht" ist zweifellos ambivalent zu verstehen. Mit dieser Feststellung signifiziert Thomas Mann die **Schatzalp** auch zugleich als den **zentralen Ort** einer „erhabenen" **inneren Weitsicht,** die dem Romanhelden in seinen Reflexionen über seinen Traum am Ende seines Schneeabenteuers eine neue Lebenserkenntnis vermittelt. Somit gibt der Schriftsteller selbst einen **latenten Hinweis** auf den **geheimen geographischen Schauplatz des Kernerlebnisses** im Roman.

Dass Thomas Mann Hans Castorp jedoch von dem der Schatzalp gegenüberliegenden Höhenzug aus ins Tal hinabfahren lässt, ist weder ein Beleg dafür, dass in der Bergregion des Brämabüel das Kernereignis des

Romans stattfand, noch steht dieser Tatbestand in Widerspruch zur dargelegten These. Denn der Schriftsteller kann seinen Helden überall abfahren lassen, weil er in der Darstellung keine exakte oder gar namentliche Lokalisierung des Schneeausfluges vornimmt.

Folgende Formulierung am Ende der Schilderung des Abenteuers: „…. **großzügig, sozusagen in der Luftlinie,** fuhr er zu Tal" (6. Kapitel: „Schnee", S. 524), ist allerdings als weiteres Indiz für die „Schatzalp–Theorie" zu werten. „Großzügigkeit" offenbart sich immer im „Übersehen" oder „Überspringen" oder „Überfliegen" einer Sache. Der Begriff „Überfliegen" wird daher im Roman „expressis verbis" gar nicht erwähnt, genauso wenig wie der Leser den Namen des Schauplatzes der „Wandlung", der „Verzauberung" des Protagonisten vom Autor erfährt. Das nicht eigens artikulierte Motiv des „Überfliegens" steht somit am Schluss der Kette märchenhafter Motive und Stilmittel, welche die Kernszene des Romans prägen.

*Blick vom Areal der Station 8 aus (**Luftlinie!**) auf den Brämabüel (Bildmitte: linker Gipfel) mit dem Mattenwald und auf das Jakobshorn (Bildmitte: rechter Gipfel)*   *Aufnahme: Januar 2009*

Im Vordergrund: Bergstation der Schatzalpbahn mit Restaurant Schatzalp und dem weißen Holzarkadengang zum Hotel Schatzalp (rechts ins Bild ragend)

97

„Überfliegt" man aber von der Schatzalp aus das Tal von Davos in direkter und kürzester Luftlinie, so erreicht man den Brämabüel auf der gegenüberliegenden Seite.

Um den Seitenwechsel von der „Sympathie mit dem Tode" zur „Sympathie mit dem Leben", den der Romanheld nach dem Grenzerlebnis im Schneesturm und seiner Traumvision vornimmt, zu symbolisieren und plastisch zu verdeutlichen, lässt also Thomas Mann Hans Castorp am Brämabüel abfahren, zu dem dieser allerdings von der Schatzalp aus nur „großzügig, sozusagen in der Luftlinie" (6. Kapitel: „Schnee", S. 524), gelangen kann.

Blick auf den Brämabüel (linker Gipfel)
von der Schatzalp aus (Herbst 2007)

Beim Aufstieg zur Schatzalp: Blick auf den
Mattenwald am Brämabüel (Herbst 2007)

So kam der junge Ingenieur „den Brämenbühl, am Rande des Mattenwaldes, …. herunter" (6. Kapitel: „Schnee", S. 524) und nicht durch den „Schatzalpwald" zurück ins Tal von Davos.

Die meisterhafte Erzähltechnik Thomas Manns — selbst im Detail — tritt in der Kernszene in evidenter Weise hervor: Kunstvolle Strukturierung einerseits — wie die Umrahmung des Erlebnisses durch den Überblick über Castorps Abenteuer am Anfang und seine Einkehr in Settembrinis Speicherklause am Schluss — und gekonnte stilistische Raffinesse andererseits — wie das Einflechten märchenhafter Motive in eine realistische Schilderung und die Signifizierung der „Universalität" des Geschehens durch „Anonymität des Schauplatzes" — lassen das Kernereignis zur „kleinen Novelle" innerhalb eines „großen Romans" werden.

Kernereignis: „Der Schneesturm"

Im tief verschneiten „Botanischen Garten Alpinum Schatzalp"

*Tafel 9 im Tiefschnee neben der Wasserhahnsäule des völlig
eingeschneiten Holztrogbrunnens
Aufnahme: Januar 2009*

Der Kerngedanke

Hoch oben über Davos — in der Einsamkeit von Kälte und Schnee und in der Grenzerfahrung des Todes — gewinnt der Romanheld — noch ganz trunken im Erwachen — in seinen Reflexionen über die Traumvision seine entscheidende Erkenntnis über das Leben:

„Der Mensch soll um der Güte und Liebe willen dem Tode keine Herrschaft einräumen über seine Gedanken."

(Kerngedanke in Thomas Manns Roman:
„DER ZAUBERBERG", 6. Kapitel: „Schnee", S. 523)

Tafel 9

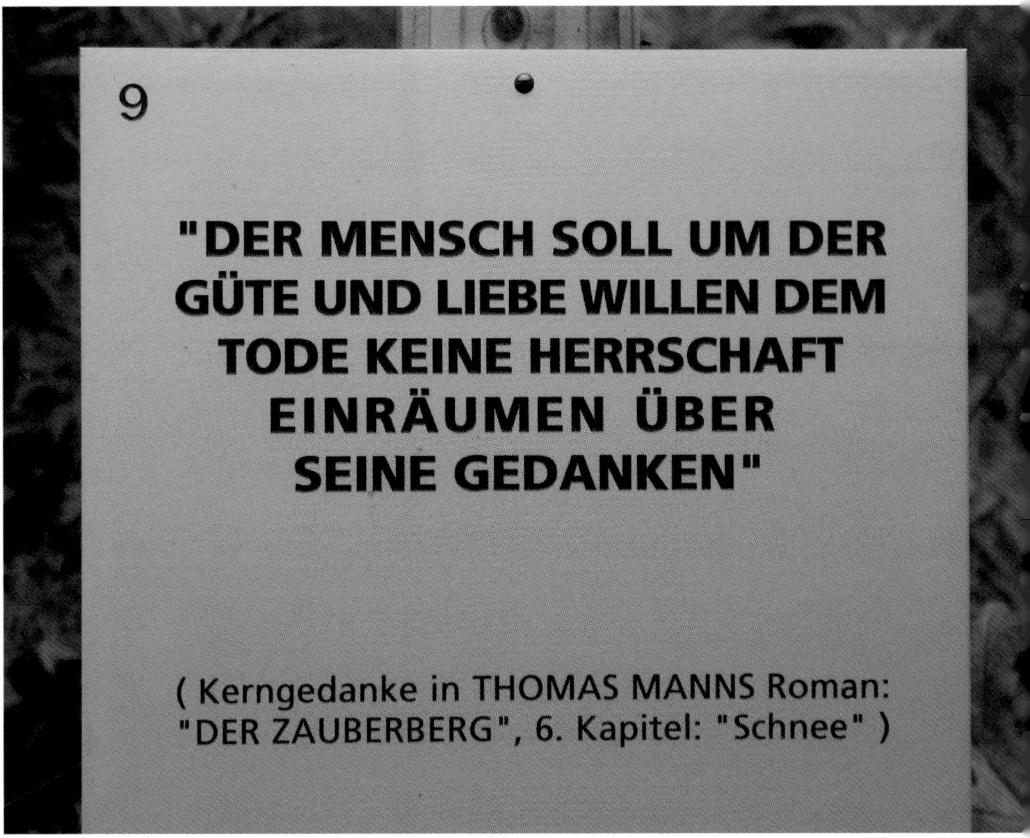

Station 9: am Holzbrunnen im „Botanischen Garten Alpinum Schatzalp"

Sein Traum macht Hans Castorp bewusst, dass „die **Liebe** dem Tode", — der sein Leben von Anfang an bestimmt hat —, „entgegen[steht], nur sie, nicht die Vernunft, ist stärker als er. Nur sie, nicht die Vernunft, gibt **gütige** Gedanken." (S. 523)

Castorps wesentliche Einsicht, — „um der Güte und Liebe willen" (S. 523) das Leben bejahen zu können, ohne das „memento mori" zu verdrängen —, bewirkt die fundamentale „Wandlung" in ihm und seine neue positive Lebenseinstellung. Er fasst folgenden Beschluss:

> „Ich will dem Tode Treue halten in meinem Herzen, doch mich hell erinnern, dass Treue zum Tode und Gewesenen nur Bosheit und finstere Wollust und Menschenfeindschaft ist, bestimmt sie unser Denken und Regieren." (S. 523)

Geprägt von dem mystisch-romantischen Kindheitserlebnis der ehrwürdigen Feierlichkeiten anlässlich des Todes seines Großvaters, eines Hamburger Ratsherrn, und schon als kleiner Junge der „Sympathie mit dem Tode" im romantisch-ästhetizistischen Sinne Schopenhauers verhaftet—, wird dem Romanhelden durch seine Traumvision urplötzlich deutlich, dass er seine Haltung dem Leben gegenüber grundlegend korrigieren muss: Der Wechsel von der ihm eigenen „Sympathie mit dem Tode" zur „Sympathie mit dem Leben" wird unabdingbar.

Doch — so reflektiert Hans Castorp —

> „auch Form ist nur aus Liebe und Güte: Form und Gesittung verständig–freundlicher Gemeinschaft und schönen Menschenstaats…….. Oh, so ist es deutlich geträumt und gut regiert! Ich will dran denken." (S. 523)

Seine neue humanitäre Einsicht als Ausdruck einer positiven Lebensbejahung, die Krankheit und Tod als Läuterungsprozess mit einschließt und diese Phänomene sogar als „Lebenssteigerung" empfindet und versteht, hat zweifellos ebenso universalen Charakter, der verpflichtet. Denn „Liebe und Güte" sollten überall die menschliche Gemeinschaft prägen. Die „neue Humanität" muss folglich zur Basis nicht nur des persönlichen Lebens, sondern auch — wie Thomas Mann es formuliert — des „schönen Menschenstaats" werden! Der Romanheld erkennt nun eindeutig seinen Auftrag und seine Bestimmung als „Hoffnungsträger einer neuen Humanität".

In den „Schneereflexionen" findet also Hans Castorp die „neue Idee des Menschen" [111], die „zu erkunden" Thomas Mann den jungen Ingenieur auf den Weg geschickt hat. [zu 111] Wie Schuppen fällt es ihm von den Augen, und er bekommt die Gewissheit:

> „Ins Schneegebirge hat mich das Suchen danach auch getrieben. Nun habe ich es. Mein Traum hat es mir deutlichst eingegeben, **dass ich's für immer weiß.** Ja, ich bin hoch entzückt und ganz erwärmt davon. Mein Herz schlägt stark und weiß warum." (S. 523)

Doch „die hochzivilisierte Atmosphäre des »Berghofs« umschmeichelt" (S. 525) und umgarnt ihn am Abend seines Schneeabenteuers wieder und verfehlt ihre Wirkung nicht, so dass bereits nach wenigen Stunden, „was er geträumt, ... im Verbleichen begriffen [war]." (S. 525) Und der Autor fügt hinzu: „Was er gedacht, verstand er schon diesen Abend nicht mehr so recht." (S. 525)

ÜBERLEITUNG

Nach seinem entscheidenden Grenzerlebnis im Schneesturm wird der Romanheld in den Monaten vor dem Ausbruch des Ersten Weltkriegs — von der „Berghofgesellschaft" infiziert — in den „großen Stumpfsinn" getrieben. Dennoch bleibt er in seinem augenblicklichen „Siebenschläfertum" (S. 752) insgeheim seiner „neuen Idee" — seiner „Sympathie mit dem Leben" und seiner Bestimmung als „Hoffnungsträger einer neuen Humanität" — treu, wie der Abschnitt: „Fülle des Wohllauts" im 7. Kapitel signalisiert.

Die nächtlichen musikalischen Musestunden, in denen er sich seine fünf Lieblingsplatten — Verdis „Aida", Debussys „Prélude à l'après - midi d'un faune", Szenen aus Bizets „Carmen", eine Arie aus Goumods Oper „Faust" und das bekannte Volkslied, Schuberts „Lindenbaum": „Am Brunnen vor dem Tore" — anhört, dienen der gedanklichen Reflexion und Meditation, seiner inneren Vorbereitung auf seine „Mission", seinen „Kampf" für eine „universale Humanität", für die „Republik".

Besondere Bedeutung kommt dabei der fünften Lieblingsplatte, Schuberts „Lindenbaum", zu; denn dieses Lied, dessen Thema der „Tod" ist, ist das einzige „deutsche Stück" nach den voraufgehenden italienischen und französischen Werken, und zwar etwas sogar „besonders und exemplarisch Deutsches." (S. 688)

Es stellt unverkennbar eine Anspielung auf die enge Verknüpfung von Hans Castorps persönlichem Schicksal und dem Deutschlands im Ersten Weltkrieg dar.

Obwohl dieses Lied in dem jungen Ingenieur „Gewissenszweifel" erregt, da das Thema „Tod" seine Liebe zu dem Lied zu einer „verbotenen Liebe" macht [112] — denn die geistige Sympathie mit dem Lied ist eine „Sympathie mit dem Tode" — , gleichwohl also ist es „wert, dafür zu sterben, das Zauberlied! Aber", — so schreibt Thomas Mann weiter und spielt damit auf das Ende seines Romans an —,

„wer dafür starb, der starb schon eigentlich nicht mehr dafür und war ein Held nur, weil er im Grunde schon für das Neue starb, das neue Wort der Liebe und der Zukunft in seinem Herzen……" (S. 691)

Hans Castorp wird also — in Überwindung seiner „romantisch - ästheti-zistischen Sympathie mit dem Tode" und auf Grund einer neuen Lebens-freundlichkeit mit der Zielsetzung einer „universalen Humanität" — in vollem Bewusstsein „sein Leben verzehren und sterben", „auf den Lippen das neue Wort der Liebe, das er noch nicht zu sprechen wusste." (S. 691)

Der Romanheld ist sich somit seiner Bestimmung als „Repräsentant einer neuen Idee" in diesen nächtlichen Musestunden in verstärktem Maße be-wusst und schwört ihr Treue, worauf auch Thomas Mann in einem Brief an Julius Bab hinweist, wenn er betont: „Ich schreibe von einem jungen Deutschen, der vorm Kriege schon über den Krieg hinauskommt." [113]

Doch fernab seiner musikalischen Reflexionen gerät Hans Castorp er-neut in den Sog der allgemein vorherrschenden Lethargie und ebenso der krankhaften Neigungen und Verhaltensweisen der „Zauberberggesell-schaft", die nun sogar immer bedrohlichere Formen annehmen. Nicht einmal der „Fürstenmord" an dem österreichischen Thronfolger Erzher-zog Franz Ferdinand und seiner Gemahlin Sophie in Sarajevo am 28. Juni 1914 — für jedermann sonst „ein Sturmzeichen" (S.752) —, sondern erst der Kriegsausbruch einen Monat später rüttelt ihn und seine Mit-patienten aus dem „Schlafwandlertum" auf.

SECHSTES KAPITEL

Station 10

Intention des Romans: Schaffung einer „neuen Humanität"

Tafel 10

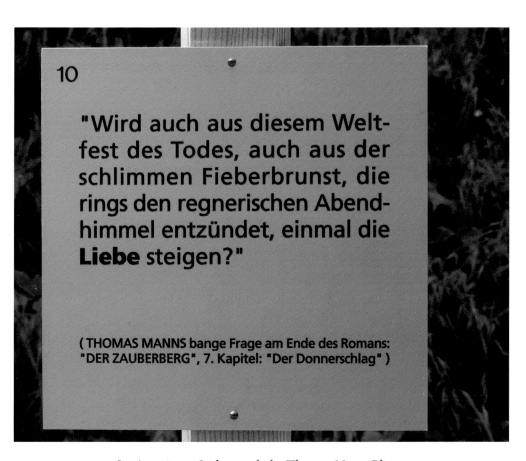

10

"Wird auch aus diesem Weltfest des Todes, auch aus der
schlimmen Fieberbrunst, die
rings den regnerischen Abendhimmel entzündet, einmal die
Liebe steigen?"

(THOMAS MANNS bange Frage am Ende des Romans:
"DER ZAUBERBERG", 7. Kapitel: "Der Donnerschlag")

Station 10: am Südostrand des Thomas-Mann-Platzes

„ Wird auch aus diesem Weltfest des Todes, auch aus der schlimmen Fieberbrunst, die rings den regnerischen Abendhimmel entzündet, einmal die Liebe steigen?"

(Thomas Manns bange Frage am Ende des Romans:
„DER ZAUBERBERG", 7. Kapitel: „Der Donnerschlag", S. 757)

Jetzt erst — zu Beginn des Ersten Weltkrieges — wird sich der Romanheld seines Auftrags als „Repräsentant einer neuen Idee" wieder klar und willensstark bewusst und zu dieser Sendung von Settembrini, dem Verfechter der Republik, persönlich und in freundschaftlicher Gesinnung mit den Worten: „Addio, Giovanni mio…….. Kämpfe tapfer, dort, wo das Blut dich bindet!" auf dem Bahnhof von Davos verabschiedet.

Zwischen dem jungen Deutschen und dem Italiener Settembrini herrscht zweifellos Übereinstimmung in der festen Überzeugung, dass es Hans Castorps Pflicht und Bestimmung sei, in den Krieg zu ziehen, um einen demokratischen Wandel herbeizuführen: die Schaffung der Republik.

Doch die „neue Idee", die „neue Humanität", für die der Romanheld kämpfen wird, kann nicht als völlig identisch mit dem Humanitätsbegriff des Philosophen gesehen werden.

Denn das Humanismusverständnis Hans Castorps unterscheidet sich nicht nur von dem christlichen Humanismus der Romantik, welcher der Todesmystik verhaftet ist, oder von dem Humanismus des Kaiserreiches: des Wilhelminismus und des Imperialismus,— der die Exzesse seines Wirtschaftskapitalismus, seiner überheblichen Fortschrittsgläubigkeit und seiner überspitzten soldatischen Gehorsamsleistung und Prinzipientreue nicht mehr eindämmen kann —, sondern auch von dem Humanismusbegriff Settembrinis, was dem Romanhelden seit seinem Schneeabenteuer deutlich bewusst ist und seine immer stärker werdende Distanzierung von dem Literaten und selbst ernannten Pädagogen erklärt.

Die „neue Humanität",—für die Hans Castorp kämpfen wird und deren Grundpfeiler „Güte und Liebe" sind—,basiert auf einem aufgeklärten, sozialen Humanismus christlich-anthropologischer Prägung; denn dieser schließt „Krankheit und Tod" als Läuterungsprozess mit ein und versteht beide Phänomene als mögliche Impulse einer „Lebenssteigerung". Settembrini plädiert zwar auch — wie Thomas Mann und der junge Ingenieur — im Sinne der Aufklärung für eine Menschenfreundlichkeit, die Werte wie „Freiheit, Gleichheit und Brüderlichkeit" zum Maßstab hat, vertritt aber einen antichristlichen aufgeklärten Humanismus und ist auf eine Fortschrittsgläubigkeit und Gesundheitsideologie fixiert, die, wie in Kapitel 4 bereits näher erläutert wurde[114], „aus der Entwicklungslehre Darwins" die philosophische Auffassung ableitet, „dass der innerste Naturberuf der Menschheit ihre Selbstvervollkommnung" (S. 259) sei und Krankheit, die „aus abergläubisch zerknirschten Zeiten" (S. 104) herrühre, sogar vollständig ausgemerzt werden könne, — eine Theorie also, die mit dem Begriff „Humanismus" schwerlich in Einklang zu bringen ist und in das Syndrom des Sozialdarwinismus einmündet. Ebenso fragwürdig erscheint der Zivilisationsliterat in seinem verbitterten Hass gegenüber dem Asiatentum und seiner tiefen Verachtung der östlichen Kulturwelt. Hans Castorp hingegen ist — wie Clawdia artikulieren würde — in „mähnschlicher" Weise um Toleranz, Versöhnung und Ausgleich bemüht und gilt als Mann der Mitte im problematischen West-Ost-Antagonismus.

Das unterschiedliche Humanismusverständnis beeinträchtigt aber nicht die gleichsam missionarische Sendung des Romanhelden in den Krieg, den beide, Settembrini und Castorp, — obwohl zum Pazifismus tendierend — billigen.

Auch für Thomas Mann stellt der Erste Weltkrieg trotz all seiner Grausamkeiten ein notwendiges „Durchgangsphänomen"[116] dar, eine unabdingbare Voraussetzung einerseits zur Schaffung einer „neuen Humanität" in dem Sinne, wie sie Hans Castorp versteht, und andererseits zu deren politischen Realisierung in der demokratischen Staatsform der Republik, was sowohl aus dem Schlussteil des Romans hervorgeht als auch aus zahlreichen Reden und Briefen des Autors.[zu 116]

Doch ob dieses hohe Ziel selbst bei voller Hingabe — unter persönlicher Opferbereitschaft und Einsatz des Lebens — tatsächlich erreicht werden kann, bleibt ungewiss.

So steht am Schluss des Romans die bange Frage, welche die Traumvision noch einmal heraufbeschwört und geradezu Wunschcharakter trägt:

„Wird auch aus diesem Weltfest des Todes, auch aus der schlimmen Fieberbrunst, die rings den regnerischen Abendhimmel entzündet, einmal die Liebe steigen?"
(Aus: 7. Kapitel: „Der Donnerschlag", S. 757, **Tafel 10**)

Der tief verschneite Thomas-Mann-Platz

Blick auf den Brämabüel mit dem Mattenwald (Bildmitte: linker Gipfel)
und auf das Jakobshorn (Bildmitte: rechter Gipfel)
Aufnahme: Januar 2009

Der Thomas-Mann-Platz im Winter (Station 10)

Blick von Tafel 10 aus auf den bewaldeten westlichen Berghang
Aufnahme: Januar 2009

Der „Thomas-Mann-Platz"

Der „Thomas-Mann-Weg" endet auf der Schatzalp am „Thomas-Mann-Platz", den Herr Pius App vom „Hotel Schatzalp", gleichsam als „Refugium" — analog dem Lieblingsort des Protagonisten Hans Castorp im Roman —, in seinem Areal in ca. 2000 m Höhe im Herbst 2007, bzw. Frühjahr 2008 neu anlegen ließ. Jener idyllische Schauplatz weist zwar keinen Wasserfall und keine Waldschlucht auf, doch erhält er durch den hoch aufragenden, bewaldeten westlichen Berghang im Hintergrund den Charakter „einer intim geschlossenen Landschaft von friedlich - großartiger Bildmäßigkeit", die in ihrer Abgeschiedenheit zum einsamen Nachdenken oder — wie Hans Castorp es formulierte — zum „Regieren" einlädt. Dieses „sonderbare Wort" verwandte der Romanheld für seine „Gedankenbeschäftigung am malerischen Ort seiner Zurückgezogenheit", dessen „Grund blau von den Glockenblüten einer staudenartigen Pflanze" war, „die überall wucherte".

Der Botaniker Wolfgang Schenck aus Wiesen stellte in seinem Artikel »Man könnte zum Botaniker werden«[117] heraus, dass in der Landschaft Davos wildwachsend nur die dunkle Akelei, „Aquilegia atrata KOCH", mit ihren braun- bis schwarzvioletten Blüten vorkommt, und wies darauf hin, dass Thomas Manns Beschreibung der Akelei in seinem Roman „Der Zauberberg" exakter wissenschaftlicher Korrektheit nicht ganz gerecht wird, „denn", so erläutert er, „ die blau und veilchenfarben blühende Charakterart **Aquilegia vulgaris L.**[118] fehlt in der Landschaft Davos vollkommen. .... Obendrein ist es ziemlich unwahrscheinlich, dass im »Hochsommer«, im August, die Akelei noch blüht; häufig blüht um diese Zeit der **blaue Eisenhut, Aconitum napellus L.**[zu 118], an feuchten Stellen im Wald."

Entscheidend im Symbolgeflecht des Romans ist jedoch auch im Hinblick auf die landschaftliche Szenerie nicht eine Schilderung, die selbst im Detail naturwissenschaftlichen Erkenntnissen entspricht, sondern vor allem die Hervorhebung und Ausgestaltung der durch die Farbe Blau bezeichneten Motivreihe und die dadurch angezeigte romantische Sehnsucht nach Universalität. So verbindet Herr App mit der Anlage des „Thomas-Mann-Platzes" den Auftrag, ihn zu einem „Ort der blauen Blüte" zu gestalten, welche im Roman eine besondere Faszination auf Hans

Castorp ausübte und den jungen Ingenieur sogar zu botanischen Studien auf seiner Balkonloge im Sanatorium animierte.

Der Gärtnermeister des „Botanischen Gartens Alpinum Schatzalp", Herr Klaus Oetjen, „siedelt" daher in fast 2000 m Höhe im Herbst 2008, bzw. im Frühjahr 2009 nicht nur die von Thomas Mann im Roman beschriebene großblumige und violettblau blühende „**Aquilegia vulgaris**" in der besonders großblumigen Sorte ‚Hensol Harebell' an, sondern bereits im Frühjahr, bzw. im Sommer 2008 den in der Davoser Region häufig vorkommenden „**blauen Eisenhut**", **Aconitum napellus L.**[zu 118)], sowie die im Gebirge heimischen „**Glockenblumen**": **Campanula cochleariifolia Lam.**[zu 118)] und **Campanula scheuchzeri Vill.**[zu 118)]. Unter den blühenden Gewächsen werden schon im Sommer 2008 ungefähr fünfundzwanzig Sorten des auch weiß, vorwiegend jedoch „**blau blühenden Rittersporns**" aus der **Delphinium Elatum-** und **Delphinium Belladonna-Gruppe** auf dem Thomas-Mann-Platz dominieren, der im Laufe der Zeit von einer kleinen **Fliedersammlung** umrahmt werden soll. Die großflächig angelegte **Ritterspornsammlung** wird in den nächsten Jahren immer üppiger in **mannigfaltiger Blautönung** emporsprießen.

Die Farbe **Blau**, die im Frühjahr und Sommer an diesem „malerischen Ort" in fast 2000 m Höhe vorherrscht, ist von bedeutsamer Symbolik nicht nur für die den Roman bestimmende Thematik **Tod**, sondern auch für das Leitmotiv der romantischen Sehnsucht nach **Universalität** und somit für die Intention des Werkes: die Schaffung einer „neuen **universalen** Humanität".

Hintergrund des „Thomas-Mann-Platzes" im Westen

Durch den bewaldeten Berghang im Westen erhält der
„Thomas-Mann-Platz" den Charakter „einer intim geschlossenen Landschaft".
Aufnahme: Herbst 2007

Chinesischer Gelbholzbaum
aus der Familie der Mammutbäume
auf dem Thomas-Mann-Platz

Aufnahme: 9. August 2008
(Tag der Einweihung)

Panoramablick von der Schatzalp aus   *Aufnahme: Herbst 2007*
(von links nach rechts: Blick auf Plattenborn, Hoch-Ducan, Älpliborn, Leidbachborn und Rinerborn)

SIEBTES KAPITEL

Exkurs
zum „Lieblingsplatz Hans Castorps"
am Schiabach

Ein Vergleich der verschiedenen Schilderungen des „Orts des Regierens" im Roman mit einem alten Plan von Davos aus dem Jahre 1912 in den „Davoser Blättern" gab mir im Mai 2007 den entscheidenden Anstoß und Hinweis zur Entdeckung des authentischen „Lieblingsplatzes Hans Castorps".

Der Wander- und Spazierweg, der im 1. Kapitel als sog. „unterer projektierter Weg" im Bereich des ehemaligen „Waldsanatoriums Prof. Jessen" beschrieben wird, überquert — wie der „Plan von Davos" von 1912 zeigt — im Wald die von der Schatzalp kommende Bobbahn, über die im Winter eine Holzbrücke[119] führte, steigt kurz danach nur eine kleine Wegstrecke an und verläuft dann oberhalb der Bobbahn — fast parallel zu dieser — in Richtung Davos Dorf. Ab der Stelle, ab welcher der parallele Verlauf des „unteren projektierten Weges" nach rechts hin erfolgt, gabelt sich der Weg und führt auf einer Abzweigung etwas steiler bergauf. Diese kreuzt den Bergwanderweg zur Schatzalp, den heutigen „Thomas-Mann-Weg", in seiner ersten unteren Serpentinenschleife und leitet als sog. „oberer projektierter Weg" — nur leicht ansteigend und bald fast eben verlaufend — nach rechts durch den Wald bis hin zum Schiabach[120], biegt dort — parallel zur Waldschlucht — ein kleines Stück bergauf ab und führt dann über einen Steg oberhalb der Waldschlucht auf die Seite von Davos Dorf. Hier verläuft der Weg — wieder parallel zur Waldschlucht — eine kurze Strecke bergab und schließlich nach links durch einen schmalen Waldstreifen und danach an Wiesenhängen oberhalb von Davos Dorf entlang.

Plan von Davos 1912

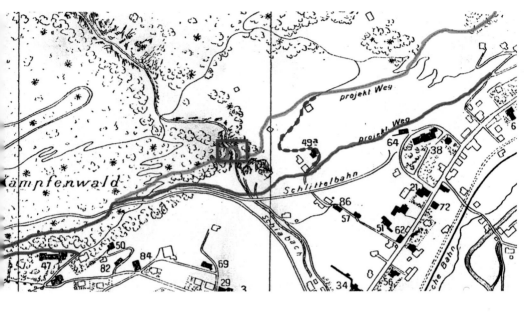

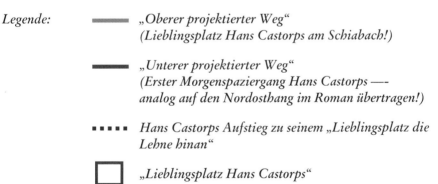

Legende:

━━━━━ „*Oberer projektierter Weg*"
(*Lieblingsplatz Hans Castorps am Schiabach!*)

━━━━━ „*Unterer projektierter Weg*"
(*Erster Morgenspaziergang Hans Castorps —-
analog auf den Nordosthang im Roman übertragen!*)

▪▪▪▪▪ *Hans Castorps Aufstieg zu seinem „Lieblingsplatz die
Lehne hinan"*

☐ „*Lieblingsplatz Hans Castorps*"

Der „obere projektierte Weg" überquert den Schiabach oberhalb der
Waldschlucht mit ihrem vierterrassigen Wasserfall genau an der Stelle, an
der sich der Lieblingsplatz des Romanhelden Hans Castorp befand.

Dass es sich bei dieser Stätte um den authentischen „Ort des Regierens" handeln muss, beweisen ihre charakteristischen Merkmale, die mit den verschiedenen Beschreibungen des Lieblingsplatzes Hans Castorps im „Zauberberg" übereinstimmen. Folgende Kriterien werden im Roman als für den Lieblingsort signifikant hervorgehoben:

- die Waldschlucht mit dem Wasserfall (genauer: dem vier-terrassigen Wasserfall!)

- das flache steinige Bett, in dem der Schiabach (oberhalb des Steges!) den Berghang herunterkommt

- die terrassenförmigen Blöcke, über die (besonders unterhalb des Steges!) der Schiabach hinabstürzt (es handelt sich sogar um einen vierterrassigen Wasserfall!)

- die Geschlossenheit der Landschaft, die vorwiegend durch die Einsenkung am Berghang rechts vom Schiabach hervor-gerufen wird und heute noch — trotz der Bebauung des rechten oberen, ursprünglich bewaldeten Randes der breiten Hangmulde — nachempfunden werden kann.

- der Steg, der — wie ein Vergleich mit der Karte von 1912 ergibt — sich selbst circa hundert Jahre später noch ungefähr an derselben Stelle befindet wie im ersten Viertel des 20. Jahrhunderts.

Der ursprüngliche Waldweg jedoch ist in einer kurzen Teilstrecke bis hin zu einem Privatgrundstück nur noch auf der rechten Seite der Wald-schlucht im Bereich von Davos Dorf vorhanden; auf der linken Seite des Schiabaches existiert er nicht mehr. Allerdings sind ab und zu kleinere Ansätze eines Weges selbst im linksseitig gelegenen Gemeindewald von Davos Platz zu erkennen, die den ursprünglichen Verlauf [121] des Wald-pfades erahnen lassen.

Nachweisbar erblühte auch am westlichen Berghang von Davos die „dunkle Akelei" als heimische Pflanze früher in Mengen. Heute findet man sie dort — wild wachsend — nur noch selten vor.

Doch können die vorhandenen Beweise als stichhaltig genug gelten, um die Authentizität des „Lieblingsplatzes Hans Castorps" zu belegen.

Hans Castorps Lieblingsplatz und „Ort des Regierens"

Von der Büschalp kommend: Blick auf Schiabach mit Steg

„Eine intim geschlossene Landschaft von friedlich-großartiger Bildmäßigkeit"

Vom Steg aus: Blick die Höhe hinan

Waldschlucht mit vierterrassigem Wasserfall unterhalb des Steges

Der „Ort des Regierens" existierte also realiter, war vom „Waldsanatorium Prof. Jessen" und vom „Haus am Stein" aus leicht zu erreichen und kann — wegen seiner Abgeschiedenheit und faszinierenden Idylle von malerischer, uriger Schönheit — auch als Lieblingsort Thomas Manns angesehen werden.

Thomas Manns Wanderwege zu seinem „Lieblingsplatz"
am Schiabach vom „Haus am Stein" aus:

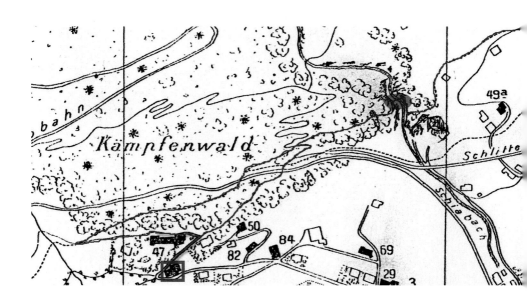

Plan von Davos 1912

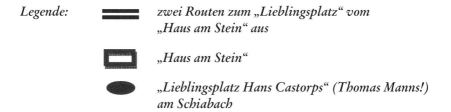

Legende: zwei Routen zum „Lieblingsplatz" vom „Haus am Stein" aus

„Haus am Stein"

„Lieblingsplatz Hans Castorps" (Thomas Manns!) am Schiabach

Oberhalb der vom Widerhall des mächtig rauschenden vierterrassigen Wasserfalls erfüllten Waldschlucht stand wohl am Wegrand eine Bank mit Blick auf die Waldlichtung und ihre muldenartige Einsenkung am Schiabach, deren „Grund blau von den Glockenblüten einer staudenartigen Pflanze" war, „die überall wucherte". Der erhöhte Rand der Einsenkung auf der rechten Seite des von einem Steg mit schlichtem Geländer überbrückten Baches war damals — wie ebenfalls aus dem Plan von 1912 hervorgeht — den Berghang hinan in einem kleinen Streifen bewaldet.

Entdeckung des „Lieblingsplatzes" am Schiabach
auf dem Rückweg von der „Büschalp":

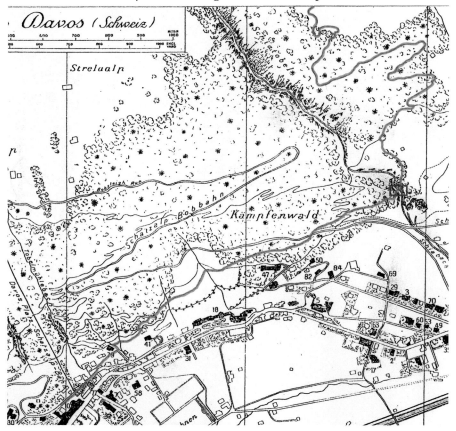

Plan von Davos 1912

Legende: ▬▬▬ *Weg von der Büschalp zum Kurhaus*

▭ *„Lieblingsplatz Hans Castorps" (Thomas Manns!) am Schiabach*

Aus diesem Wald muss Hans Castorp bei seiner Entdeckung des Platzes — von der Büschalp kommend — in die Einsenkung der Waldlichtung getreten sein, so dass sich ihm der Anblick „einer intim geschlossenen Landschaft von friedlich - großartiger Bildmäßigkeit" bot.

Auf der Karte von 1912 ist zudem eine „Schlittelbahn" eingetragen, die in den zwanziger Jahren des 20. Jahrhunderts bereits nicht mehr existierte, nur wenige Meter unterhalb des „unteren projektierten Weges" den Schiabach überquerte und auf der Wiese ungefähr im Bereich des heutigen „Sporthotels Derby" , bzw. des heutigen „Hotels Zauberberg" endete.

Hans Castorps Aufstieg zu seinem „Lieblingsplatz"
vom „Ziel der Schlittelbahn" aus:

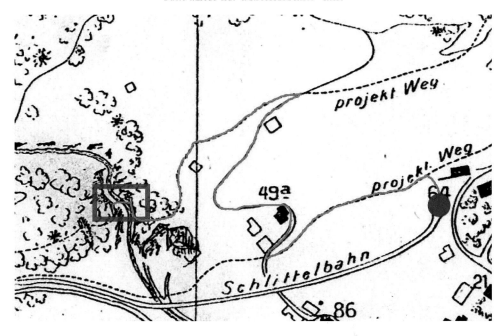

Plan von Davos 1912

Legende: ▬▬▬ *Aufstiegsroute Hans Castorps*

▭ *„Lieblingsplatz Hans Castorps" (Thomas Manns!) am Schiabach*

⬤ *„Ziel der Schlittelbahn" in Davos Dorf*

120

Vom Ziel der „Schlittelbahn" aus in Davos Dorf stieg Hans Castorp —
wie im „Zauberberg" beschrieben wird — in circa zwanzig Minuten oftmals zu seinem Lieblingsplatz auf. Vom „Waldsanatorium Prof. Jessen"
aus war der junge Ingenieur aus Hamburg hingegen im Roman logi-
scherweise nie zu seinem „Ort des Regierens" gewandert, mit Sicherheit
aber Thomas Mann bei seinem Besuch 1912 in Davos, sonst hätte er diesen Platz nie so beeindruckend schildern können.

Eine Wegstrecke, die ebenfalls zu dem Lieblingsplatz führte, ging der
Romanheld allerdings nur ein einziges Mal. Es war an jenem denkwürdi-
gen Wintermorgen, an dem er zum tragischen Duell zwischen Naphta
und Settembrini aufbrach und dieses Mal von der Promenade aus in Davos Dorf die Bobbahn parallel zum Schiabach hochstapfte, dann — die
Holzbrücken überschreitend — zum „oberen projektierten Weg" gelang-
te und durch den Wald hin zum Steg oberhalb der Waldschlucht mit ihrem vierterrassigen Wasserfall, der zu Eiszapfen erstarrt war, sich seinen
Weg im Tiefschnee bahnte.

Hans Castorp hatte den Austragungsort selbst ausgesucht. Denn hier
war ihm das erste Mal, als ihn das „große Nasenbluten" überfiel, nicht
nur im Geiste Hippe und später Madame Chauchat begegnet, deren
„Schattenbild" er immer bei sich trug, — sondern hier ging er all seinen
Gedanken nach und versuchte, Klarheit in die „große Konfusion" zu
bringen, die der Jesuit und der Humanist durch ihre Kontroversen
auslösten. Es war der Ort seiner „Regierungszurückgezogenheit", Kontemplation und Sammlung. So ist es kein Zufall, dass sich hier die Person,
welche der „neuen Idee" und ihrer Realisierung am stärksten entgegen-
stand — Naphta, „der Teufel des Teufels" [122], wie ihn Claude David
nannte — selbst richtete, damit der Hoffnungsträger einer „neuen
Humanität" — Hans Castorp — nun ungehindert seine Mission erfül-
len konnte.

Aufstieg Hans Castorps auf der Bobbahn von Davos Dorf aus zu seinem „Lieblingsplatz" ar
Tage des Duells zwischen Naphta und Settembrini:

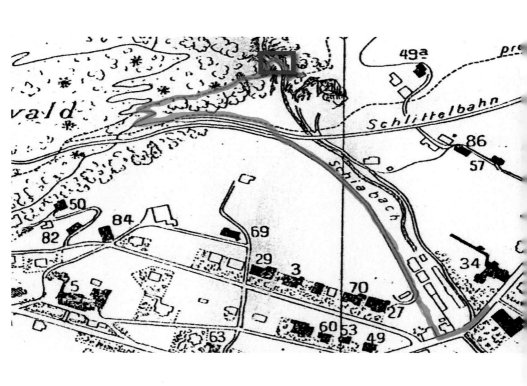

Plan von Davos 1912

Legende: ▬▬▬ *Aufstiegsroute Hans Castorps zum Duell von Davos*
Dorf aus

▭ *„Lieblingsplatz Hans Castorps" (Thomas Manns!) am*
Schiabach = „Duellplatz"

Abschließend sollen drei Ausschnitte aus dem „Zauberberg" verdeutlichen, wie eindrucksvoll der Autor die landschaftliche Idylle des „Lieblingsplatzes Hans Castorps": seine Schönheit, seine Faszination und seine intime Geschlossenheit — dem Leser im 4., 6. und 7. Kapitel des Romans vor Augen führt:

In: 4. Kapitel: „Hippe" (S. 126):

„Aber aus dem Gehölz hervortretend, stand er überrascht vor einer prächtigen Szenerie, die sich ihm öffnete, einer **intim geschlossenen Landschaft von friedlich - großartiger Bildmäßigkeit.**

„Lieblingsplatz Hans Castorps" am Schiabach mit mutmaßlichem „Duellplatz"
rechts im Vordergrund   Aufnahme: Herbst 2007

In flachem, steinigem Bett kam ein Bergwasser die rechtsseitige Höhe herab, ergoss sich schäumend über terrassenförmig gelagerte Blöcke und floss dann ruhiger gegen das Tal hin weiter, von einem Stege mit

schlicht gezimmertem Geländer malerisch überbrückt. Der Grund war blau von den Glockenblüten einer **staudenartigen Pflanze, die überall wucherte.** Ernste Fichten, riesig und ebenmäßig von Wuchs, standen einzeln und in Gruppen auf dem Boden der **Schlucht** sowie die Höhen hinan, und eine davon, zur Seite des Wildbaches schräg im Gehänge wurzelnd, ragte schief und bizarr in das Bild hinein. **Rauschende Abgeschiedenheit waltete über dem schönen, einsamen Ort. Jenseits des Baches bemerkte Hans Castorp eine Ruhebank.**

Er überschritt den **Steg** und setzte sich, **um sich vom Anblick des Wassersturzes, des treibenden Schaums unterhalten zu lassen,** dem idyllisch gesprächigen, einförmigen und doch innerlich abwechslungsvollen Geräusche zu lauschen; **denn rauschendes Wasser liebte Hans Castorp ebensosehr wie Musik, ja vielleicht noch mehr.** Aber kaum hatte er sich's bequem gemacht, als ein **Nasenbluten** ihn so plötzlich befiel, dass er seinen Anzug nicht ganz vor Verunreinigung schützen konnte.‟

In: 6. Kapitel:„Vom Gottesstaat und von übler Erlösung"(S.409):

„Hans Castorp bestimmte in seiner Loge ein Pflanzengewächs, das jetzt, da der astronomische Sommer begonnen hatte und die Tage kürzer zu werden begannen, an vielen Stellen wucherte: **die Akelei oder Aquilegia, eine Ranunkulazeenart, die staudenartig wuchs, hochgestielt, mit blauen und veilchenfarbenen, auch rotbraunen Blüten und krautartigen Blättern von geräumiger Fläche.** Die Pflanze wuchs da und dort, massenweis aber namentlich in dem stillen Grunde, wo er sie vor nun bald einem Jahre zuerst gesehen: der abgeschiedenen, wildwasserdurchrauschten Waldschlucht mit Steg und Ruhebank, wo sein voreilig-freizügiger und unbekömmlicher Spaziergang von damals geendet hatte, und die er nun manchmal wieder besuchte.

Es war, wenn man es weniger unternehmend anfing, als er damals getan, nicht gar so weit dorthin. **Stieg man vom Ziel der Schlittlrennen in »Dorf« ein wenig die Lehne hinan, so war der malerische Ort auf dem Waldwege, dessen Holzbrücken die von der Schatzalp kommende Bobbahn überkreuzten, ohne Umwege, Operngesang und Erschöpfungspausen in zwanzig Minuten zu erreichen,** und wenn Joachim durch dienstliche Pflichten, durch Untersuchung, Innenphotographie, Blutprobe, Injektion oder Gewichtsfeststellung ans Haus gefesselt war, so wanderte Hans Castorp wohl bei heiterer Witterung nach dem zweiten Frühstück, zuweilen auch schon nach dem ersten dorthin, und auch die Stunden zwischen Tee und Abendessen benutzte er wohl zu einem Besuch seines Lieblingsortes, um auf der Bank zu sitzen, wo ihn einst das mächtige Nasenbluten überkommen, dem Geräusche des Gießbachs mit schrägem Kopfe zu lauschen und das geschlossene Landschaftsbild um sich her zu betrachten sowie die Menge von blauer Akelei, die nun wieder in ihrem Grunde blühte.

Kam er nur dazu? Nein, er saß dort, um allein zu sein, um sich zu erinnern, die Eindrücke und Abenteuer so vieler Monate zu überschlagen und alles zu bedenken. Es waren ihrer viele und mannigfaltige, — nicht leicht zu ordnen dabei, denn sie erschienen ihm vielfach verschränkt und ineinanderfließend, ……………………………………………………“

(S. 412): „Er hatte ein sonderbares Wort für diese **seine verantwortliche Gedankenbeschäftigung am malerischen Orte seiner Zurückgezogen**heit; er nannte sie «Regieren», …………………………“

Von der Büschalp kommend:

Blick auf Hans Castorps „Lieblingsplatz" heute
und das Dischmatal im Hintergrund

Aufnahme: Urs von der Crone   *26.10.2007*

In: 7. Kapitel: „Die große Gereiztheit":

(S. 742): „Der Treffpunkt *(für das Duell zwischen Naphta und Settembrini)* war von Hans Castorps Erfindung: **Es war der malerische, im Sommer blau blühende Ort seiner Regierungs-Zurückgezogenheit,** den er in Vorschlag gebracht hatte. Hier sollte am dritten Morgen nach dem Streit, sobald es nur hell genug war, der Handel seine Erledigung finden."

(S. 744): „Unter so gemischten und wechselnden Empfindungen und Gedanken stieg er *(am Tage des Duells)* im Halbhellen, langsam sich Erhellenden in »**Dorf**« von der Mündung der Bobbahn auf schmalstem Pfade die Lehne hinan, erreichte den tiefverschneiten Wald, überschritt die Holzbrücken, unter denen die Bahn hinablief, und stapfte auf einem Wege, der mehr ein Erzeugnis von Fußspuren als der Schaufel war, zwischen den Stämmen weiter."

(S. 744): „Sie *(Hans Castorp und Settembrini)* überschritten den **Steg,** der über die **Schlucht führte, worin im Sommer der jetzt in Starre verstummte Wasserfall niederging,** und der so sehr zu dem malerischen Charakter des Ortes beitrug. (S. 745) Naphta und Wehsal gingen im Schnee vor der mit dicken weißen Kissen gepolsterten **Bank** auf und ab, auf der **Hans Castorp einst, unter ungewöhnlich lebendigen Erinnerungen, das Ende seines Nasenblutens hatte erwarten müssen.** .... **Mit dem Wohlgefallen, das er** *(Hans Castorp)* **stets hier empfand, sah er sich in der kühnen Intimität seiner Stätte um, die unter diesen eisigen Umständen nicht weniger schön war als zu Zeiten ihrer blauen Blüte.** Stamm und Gezweig der schräg ins Bild ragenden Fichte waren mit Schnee beschwert."

Blick in die Waldschlucht von der „Hohen Promenade" aus : Der „in Starre verstummte Wasserfall"   *(Aufnahme: Januar 2009)*

Hans Castorps „Lieblingsplatz", die „kühne Intimität seiner Stätte" (S. 744) ist von ambivalenter Symbolik durchdrungen: Das „Bergwasser" (S. 125) und der „Wasserfall" (S. 744) versinnbildlichen in ihrem „Schäumen" (S. 126) und ihrem „Rauschen" (S. 126) das **Leben**, jedoch „in Starre verstummt" (S. 744), — zu Eis erstarrt —, den **Tod**.

Und die „blaue Blüte" (S. 744), die Hans Castorp so sehr faszinierende „Akelei" (S. 409), der „Grund", der „blau von den Glockenblüten" (S. 126) war, — steht einerseits durch das Strahlen und Blühen symbolisch für das **Leben**, andererseits ist dieser schönen und bezaubernden Blume ein **Tod**esbezug eigen — sowohl durch die Zuordnung zur Motivreihe der Farbe Blau als auch mythologisch gesehen, was möglicherweise Thomas Manns Interesse an dieser geheimnisvollen Pflanze erklärt und worauf Lotti Sand in: „Mythos und Symbolik im Zauberberg von Thomas Mann" [123)] hinweist: „Koronis (die Tochter des Phlegias, des Königs der Lapithen, und die Geliebte Apolls und Mutter des gemeinsamen Sohnes Asklepios, des Gottes der Heilkunst) hieß auch Aigle, Ariadne, Aaigla oder **Aquilegia** und **Akalei**." Lotti Sand sieht in dem „blaublühenden Ort" „die Unterwelt selbst oder einen Ort auf dem Wege dorthin" [zu 123)].

Darüber hinaus zeigt diese „Blau - Symbolik" die „romantische Sehnsucht nach Universalität" an. Hans Castorps „Ort des Regierens", seiner „intim geschlossenen Landschaft von friedlich - großartiger Bildmäßigkeit" (S. 126) kommt im Hinblick auf die den Roman bestimmende Thematik „Leben und Tod" ebenso eine „universale" Bedeutung zu.

Doch ist Thomas Mann hinsichtlich der Themenkreise des „Zauberbergs" nicht nur, wie er in einem Brief am 23. April 1925 an Julius Bab schreibt, das „Sinngeflecht von Leben und Tod .... viel wichtiger" [124)] als das „Soziale", sondern auch „die Musik", die den Protagonisten Hans Castorp in starkem Maße motiviert und ihm neue Impulse verleiht, vor allem aber ihn sich seiner Bestimmung als „Hoffnungsträger einer neuen Idee", „einer neuen Humanität" bewusst werden lässt.

Eine ähnlich inspirierende und stimulierende Wirkung jedoch wie die Musik übt auf den Romanhelden „rauschendes Wasser" (S. 126) aus. Daher zieht es den jungen Ingenieur so oft an diesen „malerischen Ort" (S. 742), „um sich vom Anblick des Wassersturzes, des treibenden Schaums unterhalten zu lassen, dem idyllisch gesprächigen, einförmigen und doch innerlich abwechslungsvollen Geräusche zu lauschen; **denn rauschendes Wasser liebte Hans Castorp ebensosehr wie Musik, ja vielleicht noch mehr.**" (4. Kapitel: „Hippe", S. 126)

Die Faszination, das Geheimnis des „Lieblingsplatzes Hans Castorps" oberhalb der Waldschlucht am Schiabach besteht somit einerseits in seiner tiefen Symbolik von „Leben und Tod" und andererseits in seiner „rauschenden Abgeschiedenheit" (S. 126) und Einsamkeit als Stätte innerer Einkehr und Kontemplation — , besonders aber in seinem magischen Zauber des „idyllisch gesprächigen" und „schäumenden" „Wassersturzes" (S. 126) — gleich einem mythologischen Urquell von Inspiration und Initiation.

„Lieblingsplatz Hans Castorps"

…it neu errichtetem Steg mit schlichtem Geländer, neuer Bank und neu angelegtem Kiesweg

Aufnahme: Sommer 2008

129

*„Lieblingsplatz Hans Castorps" am Tag der Einweihung (9. August 2008) mit
Blick auf den mutmaßlichen Duellbereich und das Seehorn im Hintergrund*

„Hans-Castorp-Weg"

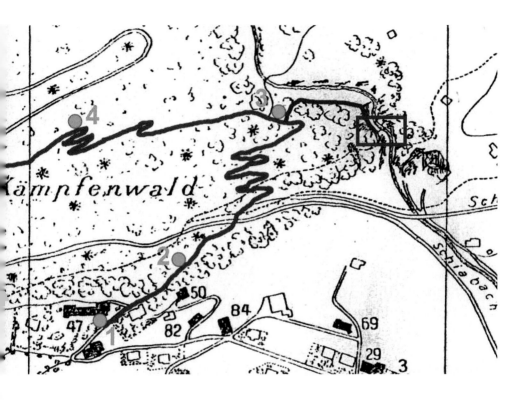

Legende: ▬▬▬ *Im Sommer 2008 neu angelegter „Hans-Castorp-Weg"
(Abzweigung vom Thomas-Mann-Weg zum authentischen
„Lieblingsplatz Hans Castorps" am Schiabach oberhalb
der Waldschlucht)*

▬ *Thomas-Mann-Weg*

⬤ *1.-4. „Literarische Station" auf dem Thomas-Mann-Weg*

▭ *„Lieblingsplatz Hans Castorps" (Thomas Manns!)
am Schiabach*

ANHANG

Anmerkungen

Zitiert wird nach der Ausgabe: Thomas Mann: Der Zauberberg, Fischer-Taschenbuch-Verlag, 1986. Die Seitenzahl wird jeweils in Klammern nach der zitierten Textstelle angegeben.

1) Sprecher, Thomas: Davos im Zauberberg, Thomas Manns Roman und sein Schauplatz, München 1996 , S. 164
2) ebd., S. 167
3) ebd., S. 42
4) Die Novelle »Der verzauberte Berg« sollte, wie Dirk Heißerer in seinem Buch: „Thomas Manns Zauberberg", Meisterwerke kurz und bündig, (Piper Verlag), München Zürich, 2000, S. 14 erläutert, „thematisch den Hörselberg, also den Hexenplatz und Geisterberg bei Eisenach, mit dem Kurort Davos verbinden."
5) Thomas Manns Formulierung in seinem »Lebensabriss« von 1930
6) Wysling, Hans: Dokumente und Untersuchungen, Beiträge zur Thomas-Mann-Forschung; Princeton Doppellecture 2./3.Mai 1940 „On Myself", Bern, München 1974, S. 92
7) Virchow, Christian: „Wiedersehen mit dem »Zauberberg«", in: Davoser Revue, Jg. 45, 1970, S. 75-80; S. 75
8) ebd., S. 78
9) ebd., S. 77 / 78
10) Katia Mann: Meine ungeschriebenen Memoiren, hrsg. von Elisabeth Plessen und Michael Mann. Frankfurt / Main: S. Fischer 1983, S. 80 f.
11) Joseph, Erkme: Nietzsche im „Zauberberg", Thomas-Mann-Studien, hrsg. vom Thomas-Mann-Archiv der Eidgenössischen Technischen Hochschule in Zürich, 14. Bd., Vittorio Klostermann, Frankfurt / Main 1996, S. 40
12) ebd., S. 41
13) Virchow, S. 79
14) ebd., S. 78 / 79

15) Jendreiek, Helmut: Thomas Mann. Der demokratische Roman. Kapitel: Krankheit und Tod als Bedingungen einer universalen Humanität: „Der Zauberberg", S. 266-335, Düsseldorf 1977, S. 286

16) ebd., S. 275

17) Virchow, S. 77

18) ebd., S. 79

19) Jendreiek, S. 298

20) Virchow, S. 79

21) Vorlage für den Speisesaal des „Internationalen Sanatoriums Berghof" im Roman war der Speisesaal des »Waldsanatoriums Arosa« (heute: »Waldhotel National«) und nicht derjenige des »Waldsanatoriums« Davos Platz. Im »Waldsanatorium Arosa« weilte Katia Mann Anfang 1914 für mehrere Monate zur Kur. Vgl. Sprecher, S. 85

22) Vgl. Sprecher, S. 85

23) ebd., S. 89

24) Vgl. Sprecher, S. 88

25) Vgl. Virchow, S. 79: Hier berichtet Katia Mann anlässlich ihres Besuches am 8. März 1968 in Davos von ihren „Spaziergängen am Berghang entlang, zum Wasserfall beispielsweise". Der auf der Karte von 1912 eingetragene „untere projektierte Weg" führte nahe an diesem Wasserfall vorbei!

26) „Der Weg war eben geworden. Er lief nun in der Richtung auf Platz Davos, etwa in Drittelhöhe des Hanges, und gewährte zwischen hohen, schmal gewachsenen und windschiefen Kiefern den Blick auf den Ort, der weißlich in hellerem Lichte lag." (Aus: Thomas Mann: „Der Zauberberg", 3. Kapitel: „Neckerei, …", S. 57)

27) Wysling, S. 91

28) Koopmann, Helmut: Der klassisch-moderne Roman in Deutschland. Thomas Mann-Döblin-Broch, Sprache und Literatur 113, Stuttgart-Berlin-Köln-Mainz 1983. Thomas Mann: „Der Zauberberg", S. 26-76; S. 35

29) ebd., S. 34

30) Müller-Seidel, Walter: Degeneration und Décadence. Thomas Manns Weg zum „Zauberberg". In: Poetik und Geschichte. Viktor Žmegač zum 60. Geburtstag. Hrsg. von Dieter Borchmeyer, Max Niemeyer-Verlag, Tübingen 1989, S. 119

31) Schader, Brigitta: Schwindsucht — Zur Darstellung einer tödlichen Krankheit in der deutschen Literatur vom poetischen Realismus bis zur Moderne. Frankfurt, Bern, New York, Paris, Lang 1987. In: Eu-

ropäische Hochschulschriften: Reihe 1, Deutsche Sprache und Literatur, Bd. 981, S. 180

32) Jendreiek, S. 274

33) ebd., S. 283

34) ebd., S. 284

35) Müller-Seidel, S. 118

36) Scholdt, Günter; Walter, Dirk: Sterben für die Republik? Zur Deutung von Thomas Manns „Zauberberg". In: Wirkendes Wort. Deutsche Sprache in Forschung und Lehre. Schwann-Verlag, Düsseldorf, 30. Jahrgang, 1980, März/April, Heft 2, S. 109

37) Schader, S. 155

38) Ebenso betrachtete Thomas Mann den „preußischen Militarismus" als überholte und veraltete Zeitform, was durch seine parodierende und desillusionierende Erzähltechnik im Roman deutlich wird.

39) Scholdt/Walter, S. 109

40) ebd., S. 114

41) ebd., S. 115

42) ebd., S. 110

43) Müller-Seidel, S. 128

44) Jendreiek, S. 333

45) ebd., S. 276

46) ebd., S. 290

47) Müller-Seidel, S. 218

48) Jendreiek, S. 299

49) Diese Charakterisierung Naphtas geht auf Thomas Manns Beschäftigung mit Nietzsche zurück. „Nietzsche verknüpft gedanklich Dekadenz bzw. Ressentiment, Judentum, Jesuitismus und Sozialismus miteinander. Alle diese Merkmale sind in der Figur Naphtas vereinigt." Vgl. Joseph, Erkme, S. 177

50) Scholdt/Walter, S. 109

51) Jendreiek, S. 303

52) ebd., S. 304

53) ebd., S. 302

54) ebd., S. 302

55) ebd., S. 300

56) ebd., S. 303

57) ebd., S. 302

58) ebd., S. 303

59) ebd., S. 271

60) ebd., S. 298

61) ebd., S. 311

62) ebd., S. 306

63) Müller-Seidel, S. 127, und Thomas Mann: Gesammelte Werke, Bd. IX: Reden und Aufsätze, „Goethe und Tolstoi" (Fragmente zum Problem der Humanität), Oldenburg 1960, S. 131

64) Müller-Seidel, S. 132

65) ebd., S. 131

66) Jendreiek, S. 308

67) ebd., S. 302

68) Scholdt/Walter, S. 115

69) Wysling, S. 91

70) Wysling, Hans: „Der Zauberberg", in: Thomas-Mann-Handbuch" (S. 397 - 422), hrsg. von Helmut Koopmann, Stuttgart 2001, S. 420/421

71) Joseph, Erkme: S. 43

72) ebd., S. 218

73) ebd., S. 219

74) Thomas Mann: „Der Zauberberg", 3. Kapitel: „Satana macht ehrrührige Vorschläge", S. 92

75) Joseph, Erkme: S. 46

76) Thomas Mann: „Der Zauberberg", 4.Kapitel:„Notwendiger Einkauf", S. 99/100

77) Joseph, Erkme: S. 46/47

78) Vgl. Thomas Mann: „Der Zauberberg", 4. Kapitel: „Notwendiger Einkauf"

79) Joseph, Erkme: S. 47

80) ebd., S. 217

81) Thomas Mann: „Der Zauberberg", 6. Kapitel: „Veränderungen", S. 365

82) Joseph, Erkme: S. 217

83) ebd., S. 218

84) ebd., S. 219

85) Vgl. auch Joseph, Erkme: S. 218

86) ebd., S. 220

87) Vgl. Wysling, Hans: „Der Zauberberg", in: Thomas-Mann-Handbuch, S. 404

88) Vgl. Joseph, Erkme: S. 80

89) Jendreiek, S. 266

90) Joseph, Erkme: S. 78
91) Wysling, Hans: „Der Zauberberg", in Thomas-Mann-Handbuch, S. 403
92) Joseph, Erkme: S. 80
93) ebd., S. 81
94) Wysling, Hans: „Der Zauberberg", in: Thomas-Mann-Handbuch, S. 404
95) Joseph, Erkme: S. 35
96) ebd., S. 35
97) ebd., S. 85
98) Jendreiek, S. 290
99) Müller-Seidel, S. 128
100) Eigen, Manfred: „Thomas Mann, Erwin Schrödinger und die moderne Biologie", in: „Was war das Leben? Man wusste es nicht!" Thomas Mann und die Wissenschaften vom Menschen, Die Davoser Literaturtage 2006, hrsg. von Thomas Sprecher; Thomas-Mann-Studien, 39. Bd., hrsg. vom Thomas-Mann-Archiv der Eidgenössischen Technischen Hochschule in Zürich, Frankfurt/Main 2008, S. 22/23
101) Hertwig, Oscar: Allgemeine Biologie, 5. Auflage, Jena: Fischer 1920
102) Koopmann, Helmut: Imitation, Mutation, Evolution. Steuern Lebensprozesse das Erzählen? In: Die Davoser Literaturtage 2006, 39. Bd., S.98
103) ebd., S. 97
104) ebd., S. 99
105) Luis Montiel: „Sie wären ein besserer Patient als der!" Thomas Mann und die klinische Medizin. In: Die Davoser Literaturtage 2006, 39. Bd., S. 64
106) Koopmann, Helmut: in: Die Davoser Literaturtage 2006, 39. Bd., S. 100
107) ebd., S. 101
108) ebd., S. 102
109) Müller-Seidel, S. 133
110) ebd., S. 132
111) ebd., S. 133
112) Gutmann, Helmut: Das Musikkapitel in Thomas Manns „Zauberberg", in: The German Quarterly, May 1974, Number 3, S. 420
113) ebd., S. 428
114) Vgl. Viertes Kapitel: „Zwei Wege zum Leben" (Tafel 7)

115) Vgl. die Ausführungen über Settembrini im Zweiten Kapitel: „Historische Zeit" (Tafel 2)

116) Scholdt/Walter, S. 116

117) Schenck, Wolfgang: «Man könnte zum Botaniker werden», Über Pflanzen in THOMAS MANNS Roman «Der Zauberberg»; in: „Davoser Revue", 69. Jg., Nr. 3, 1994, S. 18-24; S. 20

118) „Aquilegia vulgaris L.", "Aconitum napellus L.": „L." steht für „CARL VON LINNÉ". Vgl. hierzu: Schenck, Wolfgang, ebd., S. 24, Anmerkungen 2: „In der wissenschaftlichen Botanik werden dem binären Pflanzennamen der Name des Autors, der die Pflanze als erster beschrieben und mit diesem Namen belegt hat, angefügt, oft in abgekürzter Form." „Campanula cochleariifolia Lam.": „Lam." steht für „LAMARCK". [Jean Baptiste (Pierre Antoine) de Monet de Chevalier Lamarck (1744 – 1829): französischer Naturforscher (Botaniker und Zoologe)] „Campanula scheuchzeri Vill.": „Vill." steht für „VILLARS". [Dominique Villars (1745-1814): französischer Arzt und Botaniker].
Herr Klaus Oetjen, der Gärtnermeister des Botanischen Gartens Alpinum Schatzalp, lieferte mir freundlicherweise nicht nur die Angaben über die Bepflanzung des Thomas-Mann-Platzes (S.82), sondern auch die obige Erläuterung der Autorenkürzel „Lam." und „Vill.".

119) Die Holzbrücken wurden im Sommer wieder abgebaut — abgesehen von der bis zum Lawinenunglück von 1962 existierenden Holzbrücke bei dem Übergang der Hohen Promenade über die Bobbahn oberhalb der ehemals jüdischen Heilstätte Etania.

120) Der Schiabach stellt die Grenze zwischen Davos Platz und Davos Dorf dar.

121) Der sog. „obere projektierte Weg" existierte zwar schon im Jahre 1912, wurde jedoch bis ca. 1930 im Plan von Davos nur mit einer gestrichelten Linie eingezeichnet; erst ab ca. 1930 ist er in den Karten von Davos als offizieller Weg mit voll ausgezogener Linie eingetragen. — Wie Herr Dr. Paul Föhn aus Davos und Herr Reiss (Dokumentationsbibliothek Davos) bestätigten, war dieser Waldweg, der oberhalb der Waldschlucht über den Schiabach führte, bis in die fünfziger und sechziger Jahre des 20. Jahrhunderts begehbar!

122) David, Claude: „Naphta, des Teufels Anwalt". In: Thomas Mann 1875 - 1975, Vorträge in München - Zürich - Lübeck. Hrsg. von Beatrix Bludau, Eckhard Heftrich und Helmut Koopmann, Frankfurt 1977, S. 96

123) Sand, Lotti:„Mythos und Symbolik im Zauberberg von THOMAS MANN", Bern/Stuttgart 1979, S. 284/285

124) Siehe auch: Wysling, Hans: „Der Zauberberg", in: Thomas-Mann-Handbuch, S. 421; (Briefe I, 238)

Literaturverzeichnis

Primärliteratur

Mann, Thomas: Der Zauberberg, Fischer-Taschenbuch-Verlag, Frankfurt/Main 1986

Mann, Thomas: Essay: Goethe und Tolstoi (Fragmente zum Problem der Humanität), Reden und Aufsätze, Gesammelte Werke, Bd. IX, Oldenburg 1960, S. 58-173

Mann, Thomas: Betrachtungen eines Unpolitischen, Reden und Aufsätze, Gesammelte Werke, Bd. XII, Oldenburg 1960, S. 9-589

Mann, Thomas: Von Deutscher Republik (1923), Gesammelte Werke, 12. Bd., Aufbau-Verlag, Berlin 1955, S. 491-532

Mann, Thomas: Einführung in den Zauberberg, Für Studenten der Universität Princeton (1939), Gesammelte Werke, 12. Bd., Aufbau-Verlag, Berlin 1955, S. 431-446

Mann, Thomas: Meine Zeit. Vortrag gehalten in der Universität Chicago (1950), Gesammelte Werke, 12.Bd., Aufbau-Verlag, Berlin 1955, S. 577-600

Mann, Thomas: Okkulte Erlebnisse, Gesammelte Werke, Frankfurter Ausgabe, hrsg. von Peter de Mendelssohn, Über mich selbst, Autobiographische Schriften, Frankfurt/Main 1983, S. 218-255

Sekundärliteratur

David, Claude: Naphta, des Teufels Anwalt. In: Thomas Mann 1875-1975. Vorträge in München-Zürich-Lübeck, hrsg. von Beatrix Bludau, Eckhard Heftrich und Helmut Koopmann, Fischer-Verlag, Frankfurt/Main 1977, S. 94-106

Eigen, Manfred: „Thomas Mann, Erwin Schrödinger und die moderne Biologie". In: „Was war das Leben? Man wusste es nicht!" Thomas Mann und die Wissenschaften vom Menschen. Die Davoser Literaturtage 2006, hrsg. von Thomas Sprecher; Thomas-Mann-Studien, 39. Bd., hrsg. vom Thomas-Mann-Archiv der Eidgenössischen Technischen Hochschule in Zürich, Frankfurt/Main 2008, S. 13-29

Gutmann, Helmut: Das Musikkapitel in Thomas Manns „Zauberberg". In: The German Quarterly, Philadelphia, Pennsylvania, May 1974, Number 3, S. 415-431

Heftrich, Eckhard: Zauberbergmusik. Über Thomas Mann. Frankfurt/Main 1975. In: Das Abendland. Neue Folge 7. Forschungen zur Geschichte europäischen Geisteslebens, hrsg. von Eckhard Heftrich und Wido Hempel

Heißerer, Dirk: „Thomas Manns Zauberberg", Meisterwerke kurz und bündig, Piper-Verlag, München Zürich 2000

Jendreiek, Helmut: Thomas Mann. Der demokratische Roman. Kapitel: Krankheit und Tod als Bedingungen einer universalen Humanität: „Der Zauberberg", S. 266-335, Düsseldorf 1977

Joseph, Erkme: Nietzsche im „Zauberberg", Thomas-Mann-Studien, hrsg. vom Thomas-Mann-Archiv der Eidgenössischen Technischen Hochschule in Zürich, 14. Bd., Vittorio Klostermann, Frankfurt/Main 1996

Karthaus, Ulrich: „Der Zauberberg" — ein Zeitroman (Zeit, Geschichte, Mythos). In: Deutsche Vierteljahrsschrift für Literaturwissenschaft und Geistesgeschichte, hrsg. von Richard Brinkmann und Hugo Kuhn, 44. Jahrgang, Stuttgart 1970, XLIV. Bd., Heft 2, S. 269-305

Koopmann, Helmut: Der klassisch-moderne Roman in Deutschland. Thomas Mann - Döblin - Broch. Sprache und Literatur 113, Stuttgart-Berlin-Köln-Mainz 1983. Thomas Mann: „Der Zauberberg", S. 26-76

Koopmann, Helmut: „Imitation, Mutation, Evolution. Steuern Lebensprozesse das Erzählen?" In: Die Davoser Literaturtage 2006, 39. Bd., hrsg. von Thomas Sprecher, Frankfurt/Main 2008, S. 91-110

Koppen, Erwin: Nationalität und Internationalität im „Zauberberg", S. 120-134. In: Thomas Mann 1875-1975. Vorträge in München-Zürich-Lübeck, hrsg. von Beatrix Bludau, Eckhard Heftrich und Helmut Koopmann, Fischer-Verlag, Frankfurt/Main 1977

Kristiansen, Borge: Zur Bedeutung und Funktion der Settembrini-Gestalt in Thomas Manns Roman „Der Zauberberg". In: Der Schrifttext. Ein Beitrag zur Theorie der Textwissenschaft, hrsg. von Alfons Höger, Kopenhagen 1975, S. 95-158

Mayer, Hans: Thomas Mann, Frankfurt/Main 1984 (Suhrkamp-Taschenbuch, Bd. 1047)

Montiel, Luis: „Sie wären ein besserer Patient als der!" Thomas Mann und die klinische Medizin. In: Die Davoser Literaturtage 2006, 39. Bd., hrsg. von Thomas Sprecher, Frankfurt/Main 2008, S.51-67

Müller-Seidel, Walter: Degeneration und Décadence. Thomas Manns Weg zum „Zauberberg". In: Poetik und Geschichte. Viktor Žmegač zum 60. Geburtstag. Hrsg. von Dieter Borchmeyer, Max Niemeyer-Verlag, Tübingen 1989

Sand, Lotti: Mythos und Symbolik im Zauberberg von Thomas Mann, Bern/Stuttgart 1979

Schader, Brigitta: Schwindsucht — Zur Darstellung einer tödlichen Krankheit in der deutschen Literatur vom Poetischen Realismus bis zur Moderne. In: Europäische Hochschulschriften, Frankfurt-Bern-New York-Paris, Reihe 1. Deutsche Sprache und Literatur, Bd. 981, Frankfurt/Main 1987, S. 1-318

Schenck, Wolfgang: «Man könnte zum Botaniker werden», Über Pflanzen in THOMAS MANNS Roman «Der Zauberberg», in: „Davoser Revue": „Der Zauberberg", Zeitschrift für Freunde von Davos, 69. Jahrgang, Nr. 3, 1994, S. 18-24

Scholdt, Günter; Walter, Dirk: Sterben für die Republik? Zur Deutung von Thomas Manns „Zauberberg". In: Wirkendes Wort. Deutsche Sprache in Forschung und Lehre. Schwann-Verlag, Düsseldorf, Heft 2, März/April 1980

Sprecher, Thomas: Davos im Zauberberg, Thomas Manns Roman und sein Schauplatz, München 1996

Virchow, Christian: „Wiedersehen mit dem «Zauberberg»", in: Davoser Revue, Jg. 45, 1970, S. 75-80

Virchow, Christian: „Davos und der «Zauberberg»", in: Davoser Revue, Jg. 41, Nr. 5/6, 1966, S. 103-112

Weigand, Hermann J.: The magic mountain. A study of Thomas Mann's novel „Der Zauberberg". Chapel Hill, The University of North Carolina Press, 1964, Nr. 49

Wysling, Hans: Dokumente und Untersuchungen, Beiträge zur Thomas-Mann-Forschung, Princeton Doppellecture 2./3. Mai 1940 „On Myself", Bern-München 1974

Wysling, Hans: „Der Zauberberg", in: Thomas-Mann-Handbuch (S. 397-422), hrsg. von Helmut Koopmann, Stuttgart 2001

Kartenverzeichnis

Alle Karten und Pläne, die für die Skizzierungen und Markierung der Wanderwege verwendet wurden, stammen aus den „Davoser Blättern" der Dokumentationsbibliothek Davos:

1) S. 5: Übersichtsplan der 10 Stationen auf dem „Thomas-Mann-Weg", eingezeichnet in: „Plan von Davos" vom 08.06.1912, „Davoser Blätter" 1912, 41. Jg.

2) S. 34: Weg vom Nordwestportal des ehemaligen „Waldsanatoriums Prof. Jessen" aus nach links entlang dem sog. „unteren projektierten Weg" in: „Plan von Davos" vom 08.06.1912, „Davoser Blätter" 1912, 41. Jg.

3) S. 37: Die 1931 angelegte „Höhenpromenade" am Westhang von Davos, in: „Plan von Davos" vom Januar 1934 aus den „Davoser Blättern" 1934

4) S. 38: „Plan von Davos" vom 08.06.1912: Bergwanderweg vom „Waldsanatorium Prof. Jessen" zum „Internationalen Sanatorium Schatzalp", aus: „Davoser Blätter" 1912, 41. Jg.

5) S. 115: „Oberer" und „Unterer projektierter Weg", markiert im „Plan von Davos" 1912, aus: „Davoser Blätter", 41. Jg.

6) S. 118: Zwei Routen zum „Lieblingsplatz" vom „Haus am Stein" aus, eingezeichnet in: „Plan von Davos" 1912, aus: „Davoser Blätter" 1912, 41. Jg.

7) S. 119: „Weg von der Büschalp zum Kurhaus", markiert im „Plan von Davos" 1912, aus: „Davoser Blätter" 1912, 41. Jg.

8) S. 120: Aufstiegsroute Hans Castorps vom „Ziel der Schlittelbahn" aus: eingezeichnet in: „Plan von Davos" 1912, aus: „Davoser Blätter" 1912, 41. Jg.

9) S. 122: „Aufstiegsroute Hans Castorps zum Duell von Davos Dorf aus": eingezeichnet in: „Plan von Davos" 1912, aus: „Davoser Blätter" 1912, 41. Jg.

10) S. 131: Im Sommer 2008 neu angelegter „Hans-Castorp-Weg", eingezeichnet in: „Plan von Davos" vom 08.06.1912, „Davoser Blätter" 1912, 41. Jg.

Bildnachweis

1) Foto Umschlag (Rückseite): Panoramablick von der Schatzalp auf Brämabüel, Jakobshorn, Plattenhorn, Hoch-Ducan, Leidbachhorn, Rinerhorn (v.l.n.r.) und Davos in der Talsohle, Herbst 2007, private Aufnahme

2) S. 6: Thomas-Mann-Gedenktafel im Park des Kirchner Museums, August 2008, private Aufnahme

3) S. 7: Text der Thomas-Mann-Gedenktafel in Davos; Foto Thomas Manns aus dem Thomas-Mann-Archiv der Eidgenössischen Technischen Hochschule Zürich

4) S. 18: Texttafel 1 (Thomas-Mann-Weg), Sommer 2008, Aufnahme: Landschaft Davos Gemeinde

5) S. 20: Werbung: „Waldsanatorium Prof. Jessen" (1912) und „Internationales Sanatorium Dr. Philippi" (1912) in: „Davoser Blätter", Samstag, 6. Juli 1912, 41. Jg., Nr. 23; bzw. 6. Januar 1912, 41. Jg., Nr. 1

6) S. 21: „Internationales Sanatorium Dr. Philippi", 1909, aus: Dokumentationsbibliothek Davos

7) S. 21: Sanatorium Valbella, 1916, aus: Dokumentationsbibliothek Davos

8) S. 21: „Deutsches Kriegerkurhaus" in den zwanziger Jahren, aus: „Davoser Revue", 41. Jg., Nr. 5/6, S. 108

9) S. 21: „Höhenklinik Valbella", 1983, aus: Dokumentationsbibliothek Davos

10) S. 23: Alte Aufnahme des „Waldsanatoriums Prof. Jessen" mit „Haus am Stein" im Vordergrund, aus: „Davoser Revue", 41. Jg., Nr. 5/6, S. 109

11) S. 23: „Waldhotel Davos" mit „Haus am Stein" im Vordergrund, Herbst 2007, private Aufnahme

12) S. 26: Katia Mann, zusammen mit Prof. Dr. med. Christian Virchow am 8. März 1968, aus: „Davoser Revue", Jg. 45, 1970, S. 76

13) S. 27: „Prof. Dr. med. Friedrich Jessen", aus: „Davoser Revue", 69. Jg., Nr. 3, 1994, S. 29 (Ausschnitt)

14) S. 30: „Die obligatorische Liegekur" — skizziert von einem englischen Kurgast, aus: Dokumentationsbibliothek Davos

15) S. 32: Alte Aufnahme des 1911 erbauten „Waldsanatoriums Prof. Jessen" mit dem Portal an der Nordwestflanke rechts im Bild, aus: „Davoser Revue", 69. Jg., Nr. 3, 1994, S. 40

16) S. 33: Portal an der Nordwestflanke des heutigen „Waldhotels Davos", Herbst 2007, private Aufnahme

17) S. 33: Weg an der Rückseite des heutigen „Waldhotels Davos", Herbst 2007, private Aufnahme

18) S. 35: „Davos Platz um 1924", aus: Dokumentationsbibliothek Davos

19) S. 36: Nordöstlicher Berghang von Davos mit Wanderwegen hinter dem „Sanatorium Valbella", Aufnahme: 1915/ 1916, aus: Dokumentationsbibliothek Davos

20) S. 40: Texttafel 2 (Thomas-Mann-Weg), August 2008, Aufnahme: Li Guo (Freiburg/Breisgau)

21) S. 52: Vom Areal von Station 3 aus: Blick auf das ehemalige „Internationale Sanatorium Dr. Philippi", die spätere „Höhenklinik Valbella" (Umbauten 1955 und 1970; seit 2005 nicht mehr in Betrieb!), August 2008, private Aufnahme

22) S. 54: Texttafel 3 (Thomas-Mann-Weg), August 2008, private Aufnahme

23) S. 61: Vom Areal zwischen den Stationen 3 und 4 aus: Blick auf die ehemalige „Höhenklinik Valbella" (links im Bild) und den Eingang ins Dischmatal, Sommer 2008, Aufnahme: Landschaft Davos Gemeinde

24) S. 63: Texttafel 4 (Thomas-Mann-Weg), August 2008, private Aufnahme

25) S. 64: Texttafel 5 (Thomas-Mann-Weg), August 2008, private Aufnahme

26) S. 69: Blick von Station 5 in das Dischmatal, August 2008, private Aufnahme

27) S. 71: Texttafel 6 (Thomas-Mann-Weg), August 2008, private Aufnahme

28) S. 76: Station 6 (Thomas-Mann-Weg), August 2008, private Aufnahme

29) S. 77: Texttafel 7 (Thomas-Mann-Weg), August 2008, private Aufnahme

30) S. 78: Station 7 im Eingangsbereich des Hotels Schatzalp, August 2008, Aufnahme: Li Guo (Freiburg/Breisgau)

31) S. 82: Blick von Station 7 auf Davos, August 2008, private Aufnahme

32) S. 84: Texttafel 8 (Thomas-Mann-Weg), August 2008, private Aufnahme

33) S. 86: Station 8 mit Texttafel 8 (Thomas-Mann-Weg) und grünem Eingangskiosk zur Sommerschlittelbahn, Januar 2009, private Aufnahme

34) S. 86: Station 8 mit Texttafel 8 (Thomas-Mann-Weg) und Aussichtsplatz mit Fernrohr, Januar 2009, private Aufnahme

35) S. 87: Blick von Station 8 aus auf die „schimmernden Schrägflächen" der Schatzalp mit ihren Holzhütten, Januar 2009, private Aufnahme

36) S. 87: Blick auf die „schimmernden Schrägflächen von Puderschnee" auf der Schatzalp und auf das Restaurant Strelaalp am oberen Hügelrand, Januar 2009, private Aufnahme

37) S. 88: „Sanatorium Schatzalp" um 1905, aus: Dokumentationsbibliothek Davos

38) S. 88: „Sanatorium Schatzalp" um 1932, aus: Dokumentationsbibliothek Davos

39) S. 89: „Bobbahn - Start auf der Schatzalp", um 1910, aus: Dokumentationsbibliothek Davos

40) S. 90: „Fassade des Hotels Schatzalp", Herbst 2007, private Aufnahme

41) S. 91: Hotel Schatzalp und Restaurant Strelaalp, Aufnahme: 1985, aus: Dokumentationsbibliothek Davos

42) S. 93: Schatzalp Drahtseilbahn, Aufnahme 1912/1913, aus: „Davoser Blätter", 42. Jg., Nr. 23, Samstag, 5. Juli 1913

43) S. 94: Blick von den Schrägflächen der Schatzalp auf Davos im Winter, 1912, aus: „Davoser Blätter", S. 3, 41. Jg., Nr. 4, Samstag, 27. Januar 1912

44) S. 94: Blick von den Schrägflächen der Schatzalp auf Davos im Sommer, Aufnahme: 1912/ 1913, aus: „Davoser Blätter", 42. Jg., Nr. 22, Samstag, 28. Juni 1913

45) S. 95: Schatzalphütten um 1898, aus: Dokumentationsbibliothek Davos

46) S. 96: Sanatorium Schatzalp Davos (Rückseite), Aufnahme 1928, aus: Dokumentationsbibliothek Davos

47) S. 97: Blick vom Areal der Station 8 aus (Luftlinie!) auf den Brämabüel (linker Gipfel) mit dem Mattenwald und auf das Jakobshorn (rechter Gipfel), Januar 2009, private Aufnahme

48) S. 98: Blick auf den Brämabüel von der Schatzalp aus, Herbst 2007, private Aufnahme

49) S. 98: Beim Aufstieg zur Schatzalp: Blick auf den Mattenwald am Brämabüel, Herbst 2007, private Aufnahme

50) S. 99: Station 9 mit Texttafel 9 neben dem Holztrogbrunnen im tief verschneiten „Botanischen Garten Alpinum Schatzalp", Januar 2009, private Aufnahme

51) S. 100: Texttafel 9 (Thomas-Mann-Weg), August 2008, Aufnahme: Li Guo (Freiburg/Breisgau)

52) S. 105: Texttafel 10 (Thomas-Mann-Platz), August 2008, private Aufnahme

53) S. 108: Der tief verschneite „Thomas-Mann-Platz" mit Blick auf Brämabüel und Jakobshorn, Januar 2009, private Aufnahme

54) S. 109: Der Thomas-Mann-Platz im Winter: Blick von Tafel 10 aus auf den bewaldeten westlichen Berghang, Januar 2009, private Aufnahme

55) S. 112: Hintergrund des Thomas-Mann-Platzes im Westen, Herbst 2007, private Aufnahme, Retuschierung: Thomas Krah

56) S. 112: Chinesischer Gelbholzbaum aus der Familie der Mammutbäume auf dem Thomas-Mann-Platz, 9. August 2008 (Tag der Einweihung), Aufnahme: Li Guo (Freiburg/Breisgau)

57) S. 113: Panoramablick von der Schatzalp aus auf Plattenhorn, Hoch-Ducan, Älplihorn, Leidbachhorn und Rinerhorn (v.l.n.r.), Herbst 2007, private Aufnahme

58) S. 117: Hans Castorps Lieblingsplatz und „Ort des Regierens": Von der Büschalp kommend: Blick auf Schiabach mit Steg, 26.10.2007, Aufnahme: Urs von der Crone (Maggia)

59) S. 117: „Vom Steg aus: Blick die Höhe hinan", Herbst 2007, private Aufnahme

60) S. 117: „Waldschlucht mit vierterrassigem Wasserfall unterhalb des Steges", Herbst 2007, private Aufnahme

61) S. 123: „Lieblingsplatz Hans Castorps" am Schiabach, Herbst 2007, private Aufnahme

62) S. 126: Von der Büschalp kommend: Blick auf „Hans Castorps Lieblingsplatz" heute und das Dischmatal im Hintergrund, 26.10.2007, Aufnahme: Urs von der Crone (Maggia)

63) S. 127: Der „in Starre verstummte Wasserfall". Blick in die Wald-schlucht von der „Hohen Promenade" aus, Januar 2009, private Aufnahme

64) S. 129: „Lieblingsplatz Hans Castorps" mit neu errichtetem Steg mit schlichtem Geländer, neuer Bank und neu angelegtem Kies-weg, Sommer 2008, Aufnahme: Landschaft Davos Gemeinde

65) S. 130: „Lieblingsplatz Hans Castorps" am Tag der Einweihung (9. August 2008) mit Blick auf den mutmaßlichen Duellbereich und das Seehorn im Hintergrund, Aufnahme: Li Guo (Frei-burg/Breisgau)

Ganz herzlich danke ich an dieser Stelle Frau Li Guo (Freiburg/Breisgau) und Herrn Urs von der Crone (Maggia) sowie der Landschaft Davos Gemeinde und dem Thomas-Mann-Archiv der Eidgenössischen Techni-schen Universität Zürich für die bereitwillige Verfügungstellung ihrer Fotografien! Ebenso spreche ich meinen besonderen Dank Herrn Walter Reiss von der Dokumentationsbibliothek Davos aus, dem Sachbearbeiter der einschlägigen Archivbilder und Fotografien aus Zeitschriften zu de-ren Reproduktion und Veröffentlichung in diesem Buch!